宁夏高等学校一流学科建设（教育学学科）资助项目，项目编号：NXYLXK2021B10

宁夏自然科学基金，项目编号：2022AAC03324

地理科学专业野外实习理论与实践

陈红翔　李亚屏◎主编

中国原子能出版社

图书在版编目（CIP）数据

地理科学专业野外实习理论与实践 / 陈红翔，李亚屏主编．-- 北京：中国原子能出版社，2022.6
　ISBN 978-7-5221-1998-4

　Ⅰ．①地… Ⅱ．①陈… ②李… Ⅲ．①地理学－教育实习－高等学校－教材 Ⅳ．① K90-45

中国版本图书馆 CIP 数据核字（2022）第 106265 号

地理科学专业野外实习理论与实践

出版发行	中国原子能出版社（北京市海淀区阜成路 43 号　100048）
责任编辑	杨晓宇
责任印制	赵　明
印　　刷	北京天恒嘉业印刷有限公司
经　　销	全国新华书店
开　　本	787 mm×1092 mm　　　1/16
印　　张	10.5
字　　数	200 千字
版　　次	2022 年 6 月第 1 版　　2022 年 6 月第 1 次印刷
书　　号	ISBN 978-7-5221-1998-4　　**定　价** 72.00 元

前　言

地理科学是一门实践性很强的学科，地理实习是地理教学的一个重要环节。它提供了一个理论联系实际的有效载体，是理论教学的延伸与拓展。野外实践有利于深化与拓展学生的理论知识，有利于增强学生的实践应用能力，有利于培养学生的创新精神和道德品质，有利于促进和引领教师教育专业化发展。

相对于课堂理论教学，实习教学更具有直观性、实践性、综合性和创新性。它对于培养科学思维习惯、提高学生科学研究能力和创新能力有着不可替代的作用，是培养创新人才的有效方式。实验实习的教学既可以使学生能够结合实际应用验证课堂上获得的理论知识，加深和巩固理论学习的内容，又可以使他们掌握对自然地理环境及其要素进行调查与实验分析的方法和技能，培养学生科学思维的习惯，提高科学研究能力和创新能力。因此，以野外实习为核心的实践教学环节是地理科学专业的有机组成部分，是未来地理工作者培养的重要手段。本书将围绕地理科学专业野外实习理论与实践展开论述。

本书共有五个章节，第一章主要讲述了地貌学野外调查基本方法，从地貌学野外调查的基本方法、观测路线和观测点布置、野外观测和记录、第四纪沉积物野外观测和纪录、填绘各类图件、照相、素描和采集标本与地貌、第四纪地质图编制来论述；第二章从宁夏回族自治区概况、银川市实习、贺兰山自然地理实习、阿拉善左旗实习、水洞沟实习和六盘山实习方面介绍宁夏回族自治区及其周边地区野外实习；第三章介绍了陕西省、四川省野外实习，从陕西省实习内容、西安市实习、四川峨眉山实习、都江堰实习、乐山大佛实习等方面讲述；第四章讲述了云南地区野外实践教学，主要介绍了云南省概况、云南省自然地理、云南省人文地理几个方面的内容；第五章介绍了东北地区野外实践教学，从东北地区概况、东北地质地貌概述、东北地区土壤植被、东北地区人文地理几个方面进行论述。

在撰写本书的过程中，作者得到了许多专家学者的帮助和指导，参考了大量的学术文献，在此表示真诚的感谢！本书内容系统全面，论述条理清晰、深入浅出。

限于作者水平，加之时间仓促，本书难免存在一些疏漏，在此，恳请同行专家和读者朋友批评指正。

作者

目 录

第一章　地貌学野外调查基本方法

地貌野外调查是对野外各种地貌现象从微观到宏观，又从宏观到微观、由点到面、由表及里、反复认识、综合分析、归纳和对比的研究过程。地貌野外调查是地貌制图的前提基础。只有通过地貌制图才能更好地为生产和科研服务。

第一节　野外调查工作程序

一、准备工作阶段

（一）收集资料、了解情况

要全面地收集和阅读前人有关本区和邻区的地貌、第四纪地质、区域地质和自然地理的文献、报告、图件等资料。还要收集航空照片和卫星照片，进行解译，并将地质、地貌的内容标绘在地形图上，以便野外详细、准确地填绘各种地貌现象。另外，还要了解本地区的工作和生活条件，在少数民族地区要了解民族风俗和当地的民族政策。

（二）设计书（或工作计划）

编写设计书是根据承担的科研或生产任务，结合工作地区的具体情况而制定的。

（1）前言任务的目的和要求，工作区的位置和交通，自然地理和地质概况，研究程度等。

（2）地貌概况及存在的主要问题。

（3）工作方法。采取的工作方法和技术要求。工作量和人员的组织工作布置和时间的安排，所需的装备、器材和经费等。

（4）预期成果。

二、野外工作阶段

（一）初步踏勘

对全区进行初步踏勘，以便对工作区的地貌、第四纪地质情况和工作条件有所了解，找出完成任务的关键地段和工作重点；选择典型和重点地区，测绘地貌和第四纪剖面，统一工作方法和规范，修订或编制统一的图例和要求。实地研究和分析前人的研究资料，以及了解自然条件和交通居住条件等。所以选择几种不同方向、贯穿全区的路线进行踏探。尽可能穿越地貌和第四纪沉积的类型多、出露条件好和有代表性的地区，故经常采取穿越主要河谷、冲沟和横切山地的路线。

（二）全面调查

沿着安排的观测路线，进行详细的调查，在各观测点上全面地进行观测、记录、填绘各种图件、采集各种标本和样品等工作来收集各种实际材料。

（三）阶段整理

及时发现工作中的问题，并加以改进，当发现材料中有重要缺陷和遗漏，必须及时地去补占观测，整理的内容有：

（1）野外记录本的整理：检查、补充、修正野外记录，并加以分析和归纳。

（2）图件的整理：校定原始图件，并将填绘的各种界线和内容，进行清绘和上墨。

（3）标本整理：把野外所采集的标本和样品经初步鉴定、分析、整理后，进行登记和包装，必须送往有关单位化验和鉴定的，及时送出。

（4）小结：对当天或前一段野外工作，以及某些专门问题进行小结，全队进行经验交流和讨论，及时发现问题，提出解决问题的办法，明确次日和今后工作任务和方法，及时调整工作计划和要求。

三、室内整理阶段

（一）资料、标本和照片的整理

野外所收集的全部资料，均要进行分类、复核、综合分析和归纳整理。对野外采集各种重要的第四纪地层、岩石、物矿和化石等标本进行清理和鉴定。把室内所做各种样品的试验、鉴定分析和研究的结果与数据进行检查，与野外记录相互核对、验证，从而进一步证实或修改某些结论、编制各种试验和鉴定的图表。野外拍摄的照片经冲洗后，选择清晰而有价值的照片进行放大或剪接，并加以简要文字说明，使人一目了然。

（二）图件的清绘和编制

室内整理时，首先要将野外填绘在图上的各种实际材料，与室内对标本和样品鉴定、试验的结果，进行对比和核对，增加或修订原有的内容或界线。而后根据生产和实际的需要。简化原来的底图（如地形等高线和地物等）和精简无关紧要的内容，经审查做到内容真实、准确，主题鲜明，重点突出，图面上结构合理，线条色调清晰而柔和。最后上墨，缩绘成为正式图件。

（三）编写报告提纲

（1）序言：包括工作区的地理位置、行政区划、任务来源、目的要求、范围和面积，工作的组织人员情况，工作期限、工作方法、完成工作量和主要资料和成果等。

（2）区域自然地理情况：地势、水系、气候、水文和植被等的主要特征，以及交通、经济情况等。

（3）区域地质概况：简述本地区地层发育和分布的特点，然后从老到新扼要描述地层岩性和厚度等变化情况、地质构造的特征等。

（4）第四纪地层叙述：按照第四纪的年代顺序从老到新，分别描述沉积物的成因类型、分布、岩性（颜色、成分、结构和构造）厚度、产状，及相互间的变化和关系等。

（5）地貌类型的叙述：按照地貌地因类型，从大到小（或从高到低）分别叙述其形态、大小和分布的规律，物质组成和结构的特点，形成的时代，发育的过程，影响的因素，相互之间的关系和地貌组合的特征，以及地貌分区等。

（6）新构造运动的特征：描述新构造运动的遗迹在地貌和第四纪地层等自然现象中的各种表现，并说明运动的性质、幅度和时代等特征，以及对地貌发育和第四纪沉积的影响等。

（7）结束语：在大量实际资料的分析、研究基础上，阐明区域地貌与生产实践的关系，提出结论性的建议意见等。

第二节　观测路线和观测点布置

一、观测路线布置

布置观测路线的原则是在最短的路线观测中，收集到最多最全的地貌和第四纪地质材料，用最少的工作量去完成设计（或计划）中所规定的任务。因此，布置路线的方向和密度都应在分析、研究前人工作的基础上，在进行全区的初步踏勘以后，根据任务的目的和要求，结合从航空照片和卫星照片及地形图中所预测本区地貌和第四纪地质等复杂程度来布置。

二、观测点选择和位置确定

（一）观测点的选择

沿观测路线选择在具有代表性的地貌和第四纪地质地点，进行详细的观测和描述，是地貌调查的主要环节。这些观测点一般都选择在地貌形态完整或显著变化的地点。第四纪地层露头较好、层次齐全、厚度较大、分布较广、化石较多、结构和构造的形迹都较清楚，以及他们之间接触关系明显，是重要界线的地点。除去专门调查侵蚀地貌和某些特殊目的之外，地貌和第四纪地质都往往在同一地点进行观测。

观测点的疏密及其位置、观测记录和详细情况和重点都是根据工作任务的目的和要求填绘图件的比例尺大小，并结合地貌和第四纪地层复杂的程度等情况而定。既要有一定的点距要求，又要根据野外具体情况而使点距放宽或加密，不能机械地平均分配。

（二）观测点位置的确定

在每一观测点上工作时，首先必须把此点的位置确定在地形图上（简称定点）并用顺序号码注上，它的位置准确与否，直接影响填图的质量，其方法有三种。

（1）目测法

目测法是最常用的定点方法。首先把地图的方位对准北方，使地形图上标出的地形、地物与自然界地形、地物的方位和位置完全相似，然后要根据周围较明显的地形、地物标志（如山顶、沟口、河流、道路和房屋等）直接确定观测点的位置，或者用罗盘定方位，参照地形、地物的情况估计距离和高程来确定位置。

（2）交会法

在附近的地形、地物标志不明显时，利用较远的、明显的两个或三个地形、地物标志，测量他们与观测点的方位，而后在地形图上以左或图框线为南北子午线，用量角器做已知地形、地物点和观测点的方位线，则两条或三条连线的交会处就是观测点的位置，其误差一般较大，要用目测法加以校正。

（3）仪器法

用经纬仪和平板仪直接测量观测点的位置，这种方法是较准确的。但只有在测绘精度要求较高的专门性图和填大比例尺的图时才采用。

第三节　野外观测和记录

地貌野外观测，重点在于观测点上的工作。野外记录，是最原始的观测到的实际资料，是研究和解决地貌问题的依据。所以记录必须真实，力求全面、详细、整齐和清晰。

记录本在左面作剖面和素描图用，右面作文字记录用，它包括记录的日期、天气、路线（从××到××）、观测点的顺序号（No.1、No.2、……）、位置（位于某明显地物，如村庄、车站和桥等的方向与距离以及它所处的地貌部位，如河岸、冲沟和山顶等）、高程（绝对高度和相对高度）以及两点间所观测到的现象，而后再描述观测点上所见到的具体内容。下面就地貌野外观测和记录的主要内容扼要说明。

一、地貌形态量测与描述

确定地貌形态的特征要有定性和定量两方面的具体内容，即形态的量测和形态的描述。由于不同等级的地貌形态特征是不同的。一般首先叙述大的地貌形态特征（如山地、平原和盆地等），它们往往是多种地貌类型的形态组合，然后再叙述次一级地貌形态特征（如阶地、倒石堆和洪积扇等），最后还要叙述组成地貌各个要素的形态特征（如阶地面、斜坡、陡坎等）。

它们都应包括地貌形态的几何轮廓（如扇形、锥形、阶梯、三角形），分布的位置（绝对高度和相对高程），形体或面积的大小（长、宽、高），表面起伏变化（坡形、坡度）割切浓度和密度等，有的数据可根据地形图或航空像片测出和算出。

二、地貌物质结构观测与描述

地貌的形态特征与它的物质结构关系极为密切，因此，在地表露头较好的地点必须进行地质观测。其重点是描述和量测岩石的名称、性质结构，各种次生和风化的特征；岩层或岩体的产状，与相邻层位的接触关系；各种构造现象等。一般都是从表及里、由上而下逐层记录，尽可能搞清地层的年代、成因、层序和分布的规律，搞清他们对地貌的形成和发育的影响。

遇到较好的第四纪地层露头，更应该详细地描述和量测，因为它对地貌的成因和年龄，都经常起着关键的鉴定作用。

三、查明地貌类型之间相互关系

必须注意各种地貌现象与其他自然现象之间、各种地貌类型之间、同一类型的各个地貌部分之间，以及地貌的不同要素之间的相互关系和纵横的变化。它对确定地貌的成因、年龄和发育的规律，以及对研究新构造运动的古气候等都有重要意义。例如：河谷阶地的纵横剖面的变化，洪积扇的分布和变形，岩溶的水平溶洞分布和成层性，冰斗与雪线的变化和关系，沙丘的分布和移动，海蚀穴和沙坝的变化分布，与地貌形成时代有关的沉积物特性及所含的古生物化石和孢粉等。

四、观测现代地貌作用和过程

现代地貌作用也称物理地质现象。常常对工程的速度产生很大影响，通过对现代地貌作用（如崩塌滑坡、泥石流、塌陷、水土流失、对边岸的冲刷、风沙移动和泥沙的沉积等）的观测和研究，分析地貌的形成与所处的发展阶段和进行的强度，从而预测它对生产的影响并提出防止危害产生的措施。

为了掌握现代地貌作用和过程，在典型地区，尽可能建立必要的长期野外观测站，或室内进行模拟实验，获得大量数据，总结基本理论，为工程设计提供可靠的依据。

五、分析地貌成因

分析地貌成因的途径是很多的，例如，地貌形态特征及空间分布规律的分析，地貌的形态与组成它的基岩或松散沉积物的岩性、厚度、结构、构造特征和分布规律的分析，地貌成因类型组合及其相关沉积物特征的分析，地貌的动力过程与自然地理（或古地理环境）的分析，地貌与地质条件，地壳运动和人类经济活动等因素关系的分析等，都是确定地貌成因的方法。

六、分析地貌年龄

（一）地貌的相对年龄

（1）根据组成正向地貌所含地层相对时代定，如河流阶地或洪积扇等。在一个横断面上有几级河流阶地或洪积扇都是同一河流形成的时，则分布的位置相对越高，其相对形成的时代就越老。反之越新，并根据每一级的最上层河流沉积物的时代，定为河流阶地或洪积扇形成的时代。

（2）根据充填在负向地貌的地层相对时代定，如沉降的盆地或谷地等。是根据埋藏在盆地或谷地的基岩面上最老的湖泊或河流等沉积物的地层相对时代，定为该盆地或谷地形的时代。

（3）根据相关沉积的相对时代定，如由基岩所组成的侵蚀或剥蚀地貌类型。它们的形成时代，往往是追踪其当时侵蚀或剥蚀的岩层所堆积成的地层相对时代来定。发现夷平面（剥夷面），在一个剖面上出现多级时，越高的时代越老，而具体的相对时代，又常根据附近的盆地或平原中，追踪相关沉积时，主要是通过对各次侵蚀或剥蚀的基岩岩性，与相关的各沉积层中的岩性成分和分布情况，进行综合分析和对比，找出它们之间的侵蚀和堆积的相互关系。

（4）根据同时异相的沉积物相对的时代定：在一个地区的同一时期内，常常有不同类似的沉积相（如河流沉积相、湖泊沉积相、三角洲沉积相、海岸带的泻湖沉积相、离岸沙坝和水下沙堤沉积相等）和沉积亚相（如河流沉积相中的河床亚相、河漫滩亚相和牛轭湖亚相等）。若能确定某一沉积相或沉积亚相的时代，就可以推定与它有关同时异相的其他沉积物时代，从而再推定与它们有关的地貌年龄。

（5）根据与地貌发育有关的上、下地层时代定（又称年界法）：如某夷平面所剥蚀的各个地层中，时代最新的是上白垩纪，而覆盖其上的最古老地层时代是始新世，就可以认为这个夷平面形成于白垩纪末到始新世的时代范围之内。

（二）地貌的绝对年龄

主要是通过对有关第四纪地层的室内绝对年龄测定（如放射性碳法，钾氩法、铀系法和热发光法等），来推定地貌的绝对年龄。在野外，主要是选择好典型剖面，按规格采集有关标本，如遇到好的实验样品（如含碳较高的生物残骸等）要注意收集。

第四节　第四纪沉积物野外观测和纪录

首先要注意露头中的地层产状是原始的，还是后期经过变动和移动过的。当地层的产状是原始的，而且水平时，在任何方面上的剖面都可以利用它来观测；若产状非水平时，就要尽可能利用垂直走向的剖面来观测它的厚度和产状，不然就要按倾角的大小进行改正。经过变动（断裂或挠曲等）和移运（滑坡或崩坍等）的地层剖面，就要从不同的方向来观测地层的变化。

其次要对剖面中的沉积物根据不同的物质成分和结构等特点进行分层，从上而下地逐层进行观测和记录，其中主要有下述内容。

一、地层厚度

测量地形的厚度时，还要说明地层的情况，它是稳定、连续的，或是有变化的、成透镜体状或尖灭的。

二、地层产状

地层的产状是水平的，还是倾斜的、波状起伏的、挠曲的或是破碎混乱的。

还要观测地层与上、下层间的接触关系：整合、不整合或假整合；有清晰的界面还是逐渐过渡；是侵蚀、剥蚀形成的，还是构造运动、火山等原因形成的。

三、地层颜色

沉积物颜色按成因分为三类：

（1）继承色：碎屑沉积物的颜色主要继承了其母岩的颜色。

（2）原生色：黏土或化学沉积物的颜色是在沉积过程中由原生矿物形成的颜色。

（3）次生色：沉积物堆积之后，由于后来的风化作用等使原来岩石的成分发生变化，生成新的次生矿，从而颜色也发生变化。要研究颜色的成因，必须观察颜色在剖面上分布的特点，原生色与继承色的颜色均匀、稳定、分布面积广，并与层理符合；次生颜色不均匀，呈斑点状，在裂缝和空洞处颜色有变化，分布局限，与层理不一致。

观测沉积物的颜色，以干燥沉积物的新鲜面原生颜色为准，对于次生颜色和其他情况（如潮湿状态，或在阳光下等）的颜色也要观测和描述，具体描述颜色时常与标准的比色管或比色卡对比。第四纪沉积物常见的颜色有黄、棕、褐、紫、红、灰、黑、白、兰和绿等。假如单一颜色表示主色还不够时，常在前面加上次色和色调的深浅程度来补充，故一般用"深浅程度＋次色＋主色"的描述方式，如浅黄色、浅灰色、浅灰棕色、深灰兰色、深棕褐色、深黄棕色等，若夹其他色斑点和条带时，也要具体描述，如灰黑色含兰色斑点，深棕色夹杂淡灰色条带等。为避免人为的因素所形成难以统一的局面，现在采用光度计，这是在室内能较精确地（定性及定量）测定颜色的科学方法。

四、沉积物结构

（一）粒度

粒度是指颗粒有直径的大小，它能说明沉积物形成时的搬运方式、动力状况，帮助确定沉积物的成因类型等。从颗粒的大小还能间接地判断沉积物的时代，较老的第四纪粗碎屑物质经风化后一般都会黏质较多。

根据粒径的大小，分为砾、粉砂和黏土等。具体划分有十进制、2 的几何级数制和其他分类的方法。

第四纪沉积物大都是几种不同粒级所组成，根据各种粒级其重要所占的百分比，而给予不同的命名，一般常用的三级命名法：将含量大于或等于 50% 的粒级为主名，含量在 25%~50% 的粒级称 ×× 质，含量在 10%~25% 的粒级称含 × 的。例如某沉积层中其重量的百分比，分别为砂 10%、粉砂 30%、砂 60% 时，则叫含砾的粉砂质砂层。若粒级的含量没有大于或等于 50% 的，而含量 25%~50% 的粒级不止一个，就以它们的粒级进行复合命名，把含量多的放在后面。例如某沉积层含砾 5%、粗砂 7%、中砂 30%、细砂 40%、粉砂 18% 时，则叫含粉砂的中－细砂层。若粒级的含量都少于 50%，而 25%~50% 的粒级只有一个，则将粒级合并为砾、砂和粉砂三大级，而后按前述的原则命名。在野外往往很难准确地估计各粒级的含量，复合命名时中间不加"－"符号，如细粉砂层（粉砂和细砂）、中细砂层［中砂和细砂、砂砾石层（砂和砾石）］等，并不一定后者比前者含量大，只是叫时顺口些。

黏性土根据黏粒、粉砂和砂的相对含量可分为：黏土（黏粒含量＞95%）、含粉砂黏土（黏粒含量＞75%，粉砂含量10%~25%）、粉砂质黏土（黏粒含量75%~50%、粉砂含量25%~50%），含砂黏土（黏粒含量＞75%、含砂量10%~25%）、砂质黏土（黏粒含量50%~75%、含砂量25%~50%），在野外常粗略的分为黏土、亚黏土（包括含粉砂黏土和粉砂质黏土）、亚砂土（包括含砂黏土和砂质黏土）三类，对它们的野外鉴别方法见附表2。

（二）滚圆度（磨圆度）

测量第四纪沉积物中砂和砾石的滚圆度，是说明沉积物的搬运介质、方式、距离和成因类型的重要依据。因为砂和砾石在搬运它的介质条件稳定时，其滚圆程度与体积、重量、风化程度、搬运的远近及速度成正比，与岩石本身的硬度和理解等成反比。另外，滚圆程度也决定于搬运的介质和方式，如风所搬运的砂粒滚圆度最好，在水底推移和跃移的砂粒滚圆度次之，处于悬浮状态和冰川所搬运的砂粒滚圆度就最差。从岩性来说，石英岩是滚圆难、灰岩、砂岩和负岩就易滚圆。

滚圆程度，分为五级或三级，对砂和砾石的圆度进行统计，其方法缺点是等级划分较粗糙，而且确定等级时有一定主观性。

0级——棱角状：颗粒保持原始的棱角和形态完全保持，只有角和棱边有轻微滚圆，呈棱角状，圆度差。

1级——次棱角状：颗粒原始棱角和形态完全保持，只是角和棱边有轻微滚圆，呈棱角状，圆度差。

2级——次圆状：颗粒棱角稍为展平，其原始形状尚可辨认，圆度中等。

3级——圆状：颗粒棱角均磨圆，只有局部保留原有外形痕迹，圆度好。

4级——极圆状：颗粒无棱角，无凹面，常呈椭球形或蛋形，原始形状完全无法辨认，圆度很好。

（三）形状

砾石的形状是多种多样的，对砾石形状的确定方法，先测量砾石的长轴A、中轴B和短轴C，然后计算砾石的等轴性指数、扁平度指数和球度等。一般将砾石的形状分为四大类：球状或等轴状的（即三轴相近或相等），扁球状或扁状的（即二轴相近或相等，另一轴较短）、椭球状或柱状（即二轴相近或相等、另一轴较长）和不规则状（即三轴不等就具有其他特殊形状）。

砾石的形状一方面与原来岩屑的岩性矿物性质、形状和风化程度等有关，另一方面也是不同的营力在搬运过程中不断磨损的结果。所以砾石的形状也是说明第四纪沉积物的成果类型的依据之一。如海岸带的砾石形状大都是扁平而椭圆的，上下房平面是对称的，因为它是波浪来回拖拽过程中磨圆的。河流的砾石大多上下不对称性很强，因为它是在被水流多次翻转的过程中磨圆的。

（四）表面特征

沉积物的颗粒表面常有许多特征，是说明成因类型和沉积环境的根据，如擦痕、裂纹、断口、坑洼、麻点、结晶和沙漠漆等。

五、沉积物岩性矿物成分

在野外确定沉积物的岩性矿物成分，往往是观测颗粒的新鲜断口的特征、颜色，用刀测其硬度和滴盐酸等方法确定的。对难以确定的岩性应取样带回，以便进一步鉴定。

在描述记录时，要分别按各种粒级统计（估计）同一类岩石矿物的颗粒数占粒级颗粒数量（一般砾石统计100~300个）的百分数。要注意粒度和岩石物成分的关系、矿物中共生组合的关系。对一些具有找矿意义的重要和罕见的岩石矿物颗粒的情况，要特别注意。对岩石颗粒风化的程度及颗粒间胶结和充填物的情况都要观测，它们往往都是判断沉积物的来源区、搬运途径和地层对比的重要依据。

六、沉积物构造特征

观测层状构造时，要注意描述层理成分、类型（水平层理、斜层理、交错层理、透镜状层理、波状层理或复合层理）、厚度（一般大于50厘米为巨厚层，10~50厘米为厚层，2~10厘米为厚层，0.2~2厘米为薄层，小于0.2厘米为细微层或称叶片状）、层面的特征（有无波痕、泥碳层、化石层和古土壤层）和结核（结核的成分是铁质、铝质或锰质的）。遇到砾石层时，要注意它们的排列方向。

七、沉积物物理性质

观测沉积物的物理性质一般包括：重量、容重、潮湿程度、密实程度、孔隙性、含水性、饱和度、透水性、吸水性、毛细性、软化性和耐冻性等。其力学性质包括压缩性、抗剪强质、抗拉强度、天然坡角（干燥和水下）和内摩擦角等。具体测量的方法可参看工程地质和水文地质教科书和手册。

八、沉积物成因类型划分

在确定第四纪沉积物的成因类型时，要注意全面综合地研究整个第四纪地质、地貌和古地理环境，要注意第四纪沉积物所处的地貌部分，研究沉积物的成分、结构、构造、含的生物化石和沉积物的纵横变化以及它们之间的相互关系等。

九、第四纪地层划分

划分第四纪地层时要根据气候地层法的原则，还必须具体通过对沉积物中的古生物化石、沉积物的岩性和岩相、新构造等特征，进行综合分析。

根据第四纪地层的特点，在国际上普遍采用四分法：即将新生界第四系分为下更新纪（Q_1）、中更新纪（Q_2）、上更新纪（Q_3）和全新纪（Q_4），相应的新生代第四纪地质时代划分为早更新世（Q_1）、中更新世（Q_2）、晚更新世（Q_3）和全新世（Q_4）。

第五节　填绘各类图件、照相、素描和采集标本

一、填绘各类图件

在野外填绘的各类平面和剖面图的具体内容包括各种地貌和第四纪沉积的类型、岩性、成因和时代等的特征和分界线，以及一些重要的地质和自然地理现象的特点和分布界线，在观测线上遇到这些情况时，特别在一些关键的地方一定要定点控制，把它们的相对位置勾绘在地形图上，并选择观察周围自然现象的有利位置（相对制高点），利用各种直接或间接的标志，尽可能较准确地追索其周围的界线。对解决生产问题有重要意义的地点要重点测绘。

二、照相和素描

自然现象有的很难用文字直接地加以全面说明，而照相和素描则能弥补这个缺陷，每个地学工作者都应重视学习照相和素描。

照相的特点是能客观反映自然界的真实情况，照相要取好景物的范围，选好照相的位置及照相机的光圈和拍摄的速度等，做到重点突出、景物清晰，有时还要有意地把人或物当作比例尺，放在景物的不突出位置上。照完后要记录胶卷照

片的号码，指明内容、景面的方位和地点等。

素描的优点是把复杂的自然现象用简单的线条突出地勾绘出主要对象的各种特征。如地貌和第四纪沉积的状态、物质结构、成因和彼此关系等，都能直接而清晰地表现出来。素描图要有图名、位置、方向和大致的比例尺等。

三、标本采集

在野外必须取一定数量和规格的标本，以便进一步鉴定、试验和研究。但目的性应十分明确，根据任务在具有代表性的地点和面上进行采集，标本的大小和多少根据不同用途而有所不同，一般土样标本多为（10×10×10）立方厘米，岩石标本多为（9×6×3）或（6×4×2）立方厘米，化石标本采集时要十分细心，注意层位，做孢粉和绝对年龄测定的标本还要注意清除掺杂和污染成分。尽量避免触动，必要时进行密封，重砂或松散沉积物等标本都要按规定量进行采集。

采集的标本都要进行编录整理，标本号码和观测点号应当一致，按从上而下逐层编写，尽可能用漆写在标本上，同时填写标签，然后将标本和标签一起包装，以便整理和查对。

第六节　地貌、第四纪地质图编制

地貌图的填绘和编制工作，是地貌调查和研究的重要方法。地貌图的本身即是地貌调查和研究的重要成果，也是解决该区生产与地貌有关问题的重要依据。由于第四纪地质与地貌的关系密切，常是互为因果的，所以在填绘和编制地貌图的同时，也必须填绘和编制第四纪地质图、地貌与第四纪地质剖面图等，填绘或编制上述图件都应该标明图名、图例、比例尺、方向或制图的单位与时间。

一、地貌图填绘和编制原则

完善的地貌图应该反映本区各种地貌类型的形态特征、成因类型、物质结构和组成、形成时代、分布、发生、发展及其相互关系等，只有依据这个总的原则，所填绘和编制出的地貌图，才具有科学的意义和实用价值。虽然，由于任务和目的不同，成图的比例尺大小、表现的内容、重点和精度等都有差别，都应按前面所讲的原则进行合理的取舍。即同一比例尺的地貌图，都应按同一地貌的分类体系和级别而填绘，不同比例尺的地貌，也是按同一分类的地貌类型体系而填绘的。

因为只有这样才能将各地区和各部门所填绘的地貌图统一起来，才能更广泛地互相对比和充分利用，才能不断地进行综合分析和总结，积累资料和经验，推动地貌学的发展，更好地为生产建设服务。

地表的形态多种多样，如何按总的原则，制定适合不同比例尺、统一的地貌分类体系和各种等级系统是很重要的，但也是很难解决的问题。因为自然界中，各种地貌类型和地貌组合的形态、规模、成因、结构和物质组成等都不完全相同，但它们之间在发生、发展和分布等方面又存在着密切的联系。小型地貌又往往是在大、中型地貌的基础上发展起来的，所以若善于区分和根据不同等级的地貌形态和结构特征，并能从成因和发生的顺序及相互间关系上，找出形成它的主要因素，建立统一的、完整的地貌分类体系和等级是可能的，它是填绘和编制地貌图中十分关键性的问题。

二、第四纪地质图填绘和编制原则

第四纪地质图在内容上应该反映研究区三个方面的主要内容：（1）不同时代、成因和岩性的第四纪地层实际分布规律及它们之间的相互关系；（2）第四纪期间的地质发展历史和新构造运动的特点；（3）第四纪地质与生产（如工程地质、水文地质、砂矿和水利建设等）有关的实际材料和相互关系等。

首先根据调查和研究的任务与要求，决定填绘图件的比例尺大小。遵循野外现场填绘的原则，力求真实、精确地勾画出第四纪地质内容。野外填绘图的比例尺一般要比最后的结果图略大一些，尽可能利用航空照片和卫星照片的信息解释第四纪地质的各种标志，在现场进行验证，以便更可靠地勾画各种第四纪地层的准确界线。

填绘第四纪地质图的第四纪地层界线，是根据时代、成因和岩性而详细划分的，由于大部分第四纪地层的原始产状较水平，而且后期变动较少，时代较新的地层覆盖在较老的地层之上，所以在填绘第四纪地质图时，除勾画出表面地层外，对下伏地层也应注意研究，并设法在被切割处标示出来，若出露太窄，可适当扩大表示，但在图上扩大后的宽度不得超过 1 毫米。

选择第四纪沉积物的成因类型划分的具体标志时，必须考虑区域特征，用综合的观点，根据它们的特质成分、岩性、结构、构造、纵横变化、所含的生物化石及其保存程度等，特别是其组成的各种地貌类型的形态，往往是野外填绘各种第四纪沉积物成因类型分布界线的重要依据。

　　某些厚度不大、零星的近代残积物、坡积物和坡地重力堆积物等，由于填绘它们意义不大，放在填图中可忽略不计，直接填绘其下伏的其他第四纪地层或基岩，当然，取舍时也应考虑到第四纪地层和沉积物成因类型分布的完整性及合理性。

　　在第四纪地质图上进行填绘，还必须与野外采集的标本、样品和化石等经过室内实验、分析和鉴定后的成果，进行互相对比、校核、补充和修订。

　　地貌图和第四纪地质图与其他地质图一样，都应该附有三个代表性的剖面：实测剖面图、示意剖面图和综合剖面图。地貌剖面图要反映当地各种地貌类型的外表形态、内部物质组成、结构、构造、成因、时代和相互之间的接触关系等特征；第四纪地质剖面图要反映当地各种第四纪地层的时代、成因、岩性、产状、构造和相互之间的接触关系等特征，由于在自然界地貌和第四纪地质之间关系密切，实际工作中常在一个剖面图上表示两个方面的内容。

　　第四纪地质图必须要有丰富的图例，其构成一般包括三个方面：第四纪地层的地质时代图例（略）、第四纪沉积物的成因类型图例（略）和第四纪沉积物的岩性图例（略）。

第二章 宁夏回族自治区及其周边地区野外实习

宁夏回族自治区（以下简称"宁夏"）位于我国西北部，本章主要介绍了宁夏回族自治区的概况与在银川、贺兰山、阿拉善左旗、水洞沟、六盘山的实习情况。通过本章的讲解可以深入了解宁夏回族自治区的地理科学专业实习状况。

第一节 宁夏回族自治区概况

一、地理位置

宁夏位于中国西北地区东部、黄河上游、河套西部，简称宁。介于北纬35°4′~39°23′，东经104°17′~107°39′，与陕西、内蒙古、甘肃等省区为邻。面积6.64万平方千米，2019年年末全区常住人口694.66万人，其中回族人口占36.69%，是全国最大的回族聚居区，辖5个地级市，22个县、市（区）。

二、自然条件

宁夏全境海拔1000米以上，地势南高北低，落差近1000米，呈阶梯状下降。属典型的大陆性气候，为温带半干旱区和半湿润地区，具有春多风沙、夏少酷暑、秋凉较早、冬寒较长、雪雨稀少、日照充足、蒸发强烈等特点，年平均降水量300毫米左右。

地理区划在地形上分为三大板块：一是北部引黄灌区，地势平坦，土壤肥沃，素有"塞上江南"的美誉；二是中部干旱带，干旱少雨，风大沙多，土地贫瘠，生存条件较差；三是南部山区，丘陵沟壑林立，部分地域阴湿高寒，曾经是国家级贫困地区之一。

（一）地质与地貌

在地质构造上，宁夏处于昆仑秦岭地槽褶皱区与中朝准地台的交接地带，岩浆活动微弱，能源矿产和非金属矿产成矿条件较好。石炭纪和侏罗纪为主要成煤期，中生代为成油期，早石炭世和第三纪渐新世为膏盐成矿期。全区地貌格局主要受地质构造控制，新生代北部地块受挤压沿北北东方向断裂发生拉张，银川盆地强烈断陷，两侧的贺兰山地和鄂尔多斯高原相对隆升；南部地块受挤压形成六盘山等一系列弧形山地和断陷盆地。贺兰山、六盘山构成中国南北向巨大地震带的北段，区内地震频繁。南部第四纪更新世黄土堆积广泛。受现代气候影响，从南至北表现出流水地貌向干燥地貌过渡的特征。

地形以丘陵为主，占38%；平原次之，占26.8%；山地占15.8%；余为台地、沙地和水域。地势南高北低。北部有北北东向延伸的贺兰山地、银川平原、灵盐台地，自西而东平行排列，组成拉张型地貌结构。最高的贺兰山与最低的银川平原，高差达2400余米。河流阶地不发育，平原湖沼多。南部有北东—南西展布的数列弧形山地与盆地相间排列，构成挤压型地貌结构。山岭北东麓往往发育台地，地势由南西向北东呈阶梯状逐级降低，沿河阶地发育。

（二）气候与水文

宁夏位居内陆，受季风影响较弱，属温带大陆性半湿润－干旱气候，基本特点是干旱少雨，风大沙多，夏少酷暑，冬寒漫长，日照充足，气温年、日较差大。气温由南向北递减，年均温5~9 ℃，气温年较差24~33 ℃，日较差6.8~17.2 ℃，10 ℃以上活动积温2000~3500 ℃，无霜期103~162天；年降水量180~680毫米，由南向北递减。山地降水显增，如贺兰山迎风坡年降水量约为山下银川市的2倍。降水多集中于6月到9月，且年变率大，故干旱威胁严重。

宁夏回族自治区是全国水资源最少省区，年径流深仅17.3毫米，水资源总量为10.5亿立方米。其中天然地表水资源近9亿立方米，耕地公顷均水量、人均用水量均远低于全国和黄河流域平均值。除黄河外，其他主要河流有清水河、苦水河及泾河、葫芦河的上游等，均属黄河水系。中卫县境西部和盐池县境部分属内流区。黄河年过境水量约325亿立方米，现农业引灌实用35亿立方米左右。全区水力资源的理论蕴藏量约200万千瓦。

（三）植被与土壤

全区植被分带由南而北为森林草原、干草原、荒漠草原和草原化荒漠，是中国主要牧区之一。地带性土壤以黑垆土、灰钙土为主。由于长期人工灌溉，银川平原等地发育了非地带性的灌淤土，并分布有较多的草甸、沼泽、盐生植被。中部部分沙地生长着沙生植被。

（四）自然地理区

在中国综合自然区划中，宁夏回族自治区辖境范围内以麻黄山北缘经小罗山南麓西至干盐池一线为界，南北分别隶属于不同的自然地理区。

华北湿润、亚湿润暖温带地区黄土高原森林草原、干草原区位于中国东部季风区内，自治区南部属此范围，可分为3个亚区：

（1）六盘山地。海原—固原以南，植被以落叶阔叶林为主，为自治区三大林区之一。山地草场是著名的泾源牛产地。

（2）清水河、茹河黄土丘陵。位于六盘山以东，黄土梁、峁、塬广布，多为强度水土流失区。河谷阶地发育。农田、城镇多分布于河谷阶地，为重要粮、油产区。北部草原面积大，牧业比重高。

（3）葫芦河黄土丘陵。位于六盘山以西。葫芦河西侧以黄土梁、峁为主，东侧为黄土梁与河谷冲积平原相间分布。黄土地区沟壑发育，中强度水土流失。区内开发利用程度高，垦殖指数达50%，宜发展牧、林、农业。

内蒙古温带草原地区，鄂尔多斯高原干草原、荒漠草原区位于中国西北干旱区内，自治区北部属此范围，可分为4个亚区：

（1）银川平原。位于青铜峡至石嘴山之间，由于引黄河水灌溉，荒漠草原景观已改造为人工绿洲。

（2）贺兰山地。位于银川平原西侧，宁夏主要林区之一。

（3）灵盐台地。呈波状起伏的台地地貌。风蚀强烈，沙丘发育，多集成沙带。湖泊、洼地多为盐湖。区内的荒漠草原以产宁夏滩羊著称（见盐池县）。

（4）宁中山地与山间盆地。位于宁南山地丘陵与宁北山地台地间。为山地和山间盆地，是宁夏蒸发量最大的地带。地表径流少，地下水矿化度高，植被稀少，风沙大，干旱严重。中卫县西境的沙坡头已创造了举世瞩目的治沙奇迹。罗山位于区内中部，是宁夏第三大林区，有较好的夏季牧场。

三、发展简史

宁夏地处西北边陲，向为塞上重地。三万年前的旧石器时代晚期已有原始人类活动于境内（见灵武县）。距今四五千年的新石器时代，宁南森林草原的河谷地带已出现农耕文化，北部草原地带为游牧狩猎文化。以后游牧民族势力扩展至全区。秦代为抗御匈奴，屯垦戍边。汉武帝元狩年间曾大批移民于北地等郡（包括今宁夏），沿黄河两岸修渠引水，大规模开发引黄灌区，使地近荒漠的黄河沿岸平原逐步成为谷稼殷积的绿洲。南北朝末期，这里已有"塞北江南"之誉。唐代宁夏农牧业生产及经济日趋发达，北部引黄灌区再次得到较大规模开发，南部的固原地区成为全国养马业中心、中原与西北之间商旅的重要通道。公元11世纪初，党项族以宁夏为中心，建立大夏国（史称西夏），与宋、辽、金鼎立达200年之久，创造了灿烂的西夏文化。元初于北部设西夏中兴行省，后改中兴府路，属甘肃行省，并曾一度分设宁夏行省，宁夏由此得名。南部地区为开城府，隶属陕西行省。明代设宁夏卫，北部的宁夏镇和南部的固原镇，均为"九边重镇"之一，军屯、军牧有较大发展。清设宁夏府，康熙和雍正年间开挖了大清、惠农、昌润诸渠，银川平原北部得到进一步开发，宁夏引黄灌区逐步形成较完整的灌溉系统。其时灌溉渠道长千余千米，灌田13.3万余公顷，人口增长，经济繁荣。南部设固原州，随农垦迅速扩展，林地、草场急剧减缩。1929年成立宁夏省，辖现自治区除固原地区外的所有市、县及现内蒙古自治区的磴口县及阿拉善盟。1954年撤销省建制，原辖区分别划入甘肃省和内蒙古自治区。1958年成立宁夏回族自治区时，将甘肃省回族聚居的固原回族自治州及隆德县、泾源回族自治县划入。

四、人文概况

2019年年末全区常住人口694.66万人，比上年末增加6.55万人。其中城镇常住人口415.81万人，占常住人口比重（常住人口城镇化率）为59.86%。自治区人口地区分布差异很大。灌区人口约占全自治区人口的60%以上，每平方千米约为200人。其中尤以灵武、吴忠灌区和银川附近最为稠密，每平方千米300~400人。南部丘陵山区，人口主要分布在沿河谷地和山间盆地。清水河、葫芦河等谷地每平方千米150人以上，其他广大地区在50人以下。

民族以回、汉为主，分布遍及全区各地。回族人口占总人口的32.4%，汉族占67.3%。此外，有满族、蒙古、东乡等20多个少数民族共1.4万余人。目前全自治区回族人口约占全国回族总数的17%以上，主要集中分布于区内的同心、海原、西吉、固原和吴忠等县市，泾源县回族人口占该县总人口比例高达96.6%，同心、海原、吴忠、西吉等市县则均达50%以上。回民在区内主要从事农牧业，擅长手工业生产和商业服务业。

五、经济概况

2012 年批准设立宁夏为我国首个内陆开放型综合试验区，成为国家向西开放的战略高地、国家重要的能源化工基地和承接产业转移示范区。建立了银川市综合保税区，是我国开放程度最高、政策最优惠、功能最齐全、区位优势最明显的特殊监管区域之一。目前宁夏经济发展在国家"一带一路"倡议的驱动下正在步入快车道。

（一）农业

宁夏土地资源丰富，人均耕地占有量居全国第 3 位；引黄灌溉便利，是全国 4 大自流灌溉区和国务院确定的现代农业、旱作节水农业、生态农业"三大示范区"。宁夏是中国的"枸杞之乡""甘草之乡""马铃薯之乡""长枣之乡""滩羊之乡"和清真牛羊肉、牛奶、中药材的重要生产基地，80% 的农产品属于绿色有机食品，在国内外市场上有着很高的知名度和美誉度，已经吸引了中粮、伊利、蒙牛、雨润、汇源等龙头企业投资建厂。宁夏还是香港重要的蔬菜基地，产品口感好、无污染、绿色、新鲜，已有八家基地被香港渔农署授予"信誉农场"荣誉称号，成为香港市民的"首选菜"。

以种植业为主体，耕地面积达 144.4 万公顷，约占自治区土地总面积的 27.9%。草地面积 284 万公顷，占自治区土地总面积的 54.8%。宜林地 40 万公顷，适宜发展水产的低洼地、湖泊约 5 万公顷。2019 年粮食产量 373.15 万吨。区内北部平原与南部丘陵山区农业差异显著。北部平原是中国著名古老的灌溉农业区和自治区农业发展精华之所在，盛产小麦、水稻及玉米，早就有"天下黄河富宁夏"之说。目前，整个北部平原（包括银川平原和卫宁平原）已建成完整的灌排系统，耕地面积虽只占自治区耕地总面积的 20%，但粮食产量却约占自治区粮食总产的 70% 以上，是中国西北地区著名商品粮基地之一。南部丘陵山区为自治区耕地分布最广的地区，但自然灾害频繁，生产低而不稳。近年已建成水库 194 座及固海、同心、中卫南山台子等扬水灌溉工程，灌溉面积达 4 万公顷；建设水平梯田 4 万公顷，沟坝地 3 万余公顷，治理水土流失面积 4976 平方千米。粮食产量约占自治区粮食总产量 30%。

1. 种植业

以粮食作物为主，次为经济作物中的油料。粮食作物占作物总播种面积的 80.1%，以一年一熟的旱作轮作制为主，灌区还有二年三熟、三年五熟的水旱或旱作轮作。粮食作物中夏粮和秋粮大致各占一半。夏粮以春小麦为主，播种面积

30 万公顷，多分布于北部平原灌区。秋粮有水稻和玉米。水稻主产于北部平原灌区的中南部，播种面积约 5 万公顷，平均每公顷产量 8.3 吨；玉米播种面积 7 万公顷左右。杂粮广布于山区，以糜子为主，次有谷子、马铃薯、豆类、莜麦、荞麦等。经济作物以油料为主，播种面积约占作物总播种面积 11.4%，占经济作物播种面积的 87.6%。以胡麻为主，固原市一区四县油料产量约占自治区油料总产量的一半。甜菜种植发展较快，单产水平和含糖率均居全国前列，所产甜菜，供银川、平罗糖厂加工制糖。

2. 畜牧业

以养羊业居重要地位，盛产裘皮，尤以滩羊皮与中卫山羊皮享有盛誉。绵羊品种以滩羊为主，占羊只总数的 1/2 和全国滩羊总数的 2/3，且质量最佳，是全国滩羊中心产区。主要分布在盐池、同心一带，所产滩羊"二毛皮"为国际市场上罕见的珍贵裘皮产品。中卫山羊系中国最优良的裘皮山羊品种之一，产于中卫县香山地区。同时，自治区所产羊毛又为呢绒、地毯的优质原料。猪、牛、马、驴、骆驼和鸡、鸭、兔、蜂等养殖业也有所发展。

3. 林业

森林面积不大，全自治区森林覆被率 2019 年为 15.2%。天然林主要分布于贺兰山、六盘山、罗山三大林区，以次生林居多。其中六盘山林区是自治区最大的水源涵养林，有林面积 3 万余公顷，以山杨、桦、辽东栎为主，混生椴、槭、山柳、华山松等，林下多灌木和箭竹。贺兰山林区是自治区主要的天然次生林区，有林面积约 1.6 万公顷，主要有云杉、山杨等纯林和云杉、山杨及油松、山杨混交林等。罗山林区位于同心县东北，有林面积仅 0.2 万公顷，云杉和油松林主要分布于海拔 2200~2600 米阴坡。山麓阴坡及半阴坡则为灌木。此外，引黄灌区利用优越的自然条件，广泛植树造林。森林覆被率最低的盐池、同心干旱区正大力营造草原防护林和治沙林、薪炭林。黄土高原地区则以发展水源涵养林、薪炭林和经济林为主。

4. 渔业

自治区已有 1/3 水面用于渔业生产。境内有鲤鱼、鸽子鱼等天然鱼类 27 种，引入鱼类 10 余种。灌区青铜峡、贺兰、银川、平罗等地为淡水水产主要产区。

5. 土特产

宁夏土特产丰富，滩羊皮、枸杞子、甘草、发菜（太西煤）和贺兰石（砚石），合称宁夏"五宝"，向为自治区重要的出口物资。枸杞产于中宁、银川等地；甘草产于盐池、同心、灵武等地，发菜产于同心等地（后因环境保护而被太西煤取代）；贺兰石产于贺兰山区，呈紫绿色，多用以制作砚池。

（二）工业

宁夏原有工业基础极为薄弱，1958 年自治区成立以来发展极为迅速。目前能源工业（煤炭、电力、石油）已占有相当比重，机械、冶金、化工、建材、轻纺、食品等工业也初具规模。已形成银川、石嘴山、青铜峡等工业中心，其工业产值约占自治区工业总产值的 70% 以上。

1. 能源工业

宁东基地是国务院批准的国家重点开发区，规划区总面积 3500 平方千米（核心区面积 800 平方千米）。自 2003 年开发建设以来，先后被确定为国家重要的大型煤炭生产基地、"西电东送"火电基地、煤化工产业基地、国家产业转型升级示范区、现代煤化工产业示范区、循环经济示范区、绿色园区、新型工业化产业示范基地，外贸转型升级基地，与陕西榆林、内蒙古鄂尔多斯共同构成国家能源"金三角"。

2. 轻纺工业

纺织工业有毛纺织、棉纺织印染、亚麻纺织、合成纤维纺织和针织等部门。其中以毛纺织工业所占比重较大，产值约占纺织工业总产值的 2/3，所产提花毛毯、地毯、绒线、呢绒等畅销国内外。同时，利用"二毛皮"和"沙毛山羊皮"等畜产品发展皮、毛加工，制造出具有地方特色的高中档皮毛产品。近年来，以制糖为中心的食品工业以及皮毛、制革、造纸、日用硅酸盐工业等，在整个工业中的比重也有所上升。

目前，自治区的出口商品已由皮毛、枸杞等传统农畜、土特产，发展到煤炭、硅铁、机床、矿山机械、起重设备、轴承、仪器仪表、轮胎、陶瓷等工业品百余种，远销 50 多个国家和地区。

（三）交通运输

宁夏地处我国东西轴线的中心，交通十分便捷。包兰、宝中、太（中）银铁路贯穿全境，银西高铁 2021 年已开通运行。目前已建成 10 多条国道、省道干线和 100 多条县乡公路，高速公路连接各市县（区），通车里程达 1000 多千米，所有市、县（区）可在 1 小时内上高速公路，公路密度，高级、次高级路面所占比例，公路通达率位居西部省区前列。启动了黄河上游甘宁青三角黄金水上运输线。航空客运开通了银川至北京、上海、广州、成都、乌鲁木齐等十几个大中城市的航线，实现了银川至香港、迪拜、首尔直飞。银川到中东货运航线开通。宁夏作为中东航线的中转口，是国内清真食品走出去的必然途径。初步形成了以银川为中心，辐射周边省区的高速运输网络。同时，宁夏已建成以光纤传输为主，辅以数字、卫星传输等方式的通信网络，电子信息网络已覆盖全区各个市县。

第二节　银川市实习

一、地理位置

银川是宁夏回族自治区区辖市，自治区首府。位于黄河上游银川平原，东临黄河，西依贺兰山。东北距首都北京 872 千米。位于东经 105°51′~106°21′，北纬 38°25′~38°37′。东与陶乐县、灵武市隔黄河相望，西与内蒙古阿拉善左旗依贺兰山为邻，南接青铜峡市，北邻平罗县。南北最大纵距 82 千米，东西最大横距 64 千米，辖区总面积 9555.38 平方千米，截至 2020 年 3 月，全市辖 3 个市辖区、2 个县，代管 1 个县级市（共 6 个县级单位），26 个街道、21 个镇、6 个乡（共 53 个乡级单位），银川是多民族聚居区，有汉、回、蒙古、朝鲜等 26 个民族。2019 年年末，全市常住人口 229.31 万人，比上年末增加 4.25 万人。其中：城镇人口 181.28 万人，占总人口 79.1%；回族人口 59.14 万人，占总人口 25.8%；汉族人口 166.10 万人，占总人口 72.4%；其他少数民族占总人口 1.8%。银川市地处贺兰山与黄河之间，宁夏引黄灌区中部，地势西高东低，境内沟渠成网，地表水源充足。属中温带干旱气候区，年平均气温 8.3~8.6 ℃，无霜期 150~170 天，年平均降水量 193~202 毫米，年平均蒸发量 1300~1900 毫米，空气相对湿度 60%~70%。四季分明，冬寒漫长但不奇冷，夏热较短且无酷暑，日照时间长，太阳辐射强，昼夜温差大。

二、历史沿革

春秋战国时这里是匈奴等民族的游牧地区。秦时为北地郡辖地。西汉时在今银川东郊建北典农城。南北朝大夏国赫连勃勃改建为"丽子园"。北周建德三年（574）置怀远郡、怀远县。唐仪凤二年（677）怀远县城遭黄河水患冲毁，第二年在故城西（今银川城区）筑怀远新城。宋改怀远县为怀远镇，是当时著名的"河外五镇"之一。咸平四年（1001）党项族占领怀远镇，先后改置为兴州、兴庆府，后在此建国称帝，作为西夏都城 189 年。元初置西夏中兴等路行中书省，后改中兴府路、宁夏府路。明设宁夏府，后改立宁夏卫，又置宁夏前卫、左卫、右卫、中屯卫，为"五卫"治所。明建文年间（1399—1402）设宁夏镇，为"九边重镇"之一。清设宁夏府。民国时设宁夏道、朔方道，道署及所属宁夏县、宁朔县均治宁夏城内。1929 年设宁夏省，为省会所在地。1944 年设立银川市。1949 年 9 月 23 日中国人民解放军和平接管银川，29 日成立银川市人民政府。中华人民共和国成立后，银川仍为宁夏省省会。1954 年撤省后为甘肃省银川专署所在地。1958 年宁夏回族自治区成立，银川市为自治区首府。

三、城市特点

银川是西夏故都，保存有最大的西夏文化遗址——西夏陵，地面、地下文物丰富，城区回族建筑众多，1986 年被国务院公布为国家历史文化名城。西夏历史文化是银川区别于其他名城的最大特色。银川城区是西夏都城兴庆府的故地，西夏遗址随处可见，最著名的是城区的承天寺塔。城区周边西夏文物广布，有被誉为"东方金字塔"的西夏陵、贺兰山拜寺口的西夏双塔、贺兰县的西夏宏佛塔。贺兰山大滚钟口、小滚钟口、大水渠口、正马关、拜寺口等沟口，也都有大型西夏建筑遗址。随着文物工作的开展，近几年出土了一批珍贵的西夏文物，为西夏历史文化的研究提供了难得的实物资料。银川是回族聚居区，在长期发展中回族保持着独特的文化特色，清真寺是回族聚居区最富特色的建筑物，目前银川有100 多座清真寺。银川自古被誉为"塞上江南"，黄河由南向北流经银川大地，沟渠纵横，湖泊棋布，沃野千里，阡陌交错，林网如织，塞外景色胜似江南。银川是全国水稻、小麦高产区，永宁、贺兰两县被确定为河套地区商品粮生产基地县。畜牧业、水产养殖业颇具规模，是西北地区水果、蔬菜生产基地。工业充分利用周围资源和能源优势，形成以化工、机械、建材、食品为主的现代化工业体系。

四、城市现状

银川位于"呼—包—银—兰—青经济带"的中心地段，"银川—榆林—鄂尔多斯"能源金三角成员城市，宁蒙陕甘毗邻地区半径 500 千米范围内辐射 14 个地级市 81 个县（市）区 2000 万人口的最大的区域性中心城市。银川交通优势明显，境内有包兰、宝中、太中银、银西高铁四条铁路线，银青、京藏、福银、银新四条高速公路线。航空优势独特，是雅布赖国际航线节点城市，银川河东国际机场已经开通了阿联酋、韩国、泰国、中国香港等 40 多条航线，2019 年客运量达 2400 万人次。

银川具有较为丰富的土地、矿产、电力、光热等资源，极具开发潜力的农业资源、文化旅游资源等。有适宜开发益农、益林荒地 180 万亩，适宜工业开发用地 200 多万亩；有煤炭、石油等 20 余种矿产资源。年均日照时数 2800~3000 小时，风能、光能资源充足，发展风电、光伏等新能源产业条件优越。

银川是西部地区经济最活跃的地区之一，是全国重要的能源化工生产基地、装备制造业生产基地、新能源产业示范基地、电子商务示范城市、现代物流示范城市、承接东部地区产业转移示范基地，是全国 13 个亿吨大型煤炭生产基地之一，大型燃气轮机铸铁件世界第一，全国最大羊毛绒生产集散基地，全球最大四环素、红霉素、泰乐菌素生产基地，西北地区最大的光伏组件生产基地。尤其是煤化工、原材料等产业中下游配套能力强，可实现就地转化。

第三节　贺兰山自然地理实习

一、地理位置

贺兰山位于北纬 38°16′~39°30′，东经 105°57′~106°32′，总体走向呈北偏东30°，是我国著名的近乎南北走向的山地之一，属阴山山系的支脉。从区域位置来看，它北起内蒙古乌海市以南的巴彦敖包山，濒临乌兰布和沙漠；南至花布山（一说至中卫的单梁山），与卫宁北山相连；东侧陡峻，与银川平原毗邻错落；西侧则较为和缓地潜入阿拉善高原，其南北绵延 200 千米，东西宽度为 15~40 千米，总面积约 7000 平方千米。贺兰山是宁夏回族自治区与内蒙古自治区阿拉善盟的界山，以北东东—南南西向延伸的山脊线分野，主峰敖包疙瘩，位于贺兰山中段山脊线以西的内蒙古一侧，海拔 3556.1 米。在行政区划上，贺兰山山地东侧隶属于宁夏回族自治区的石嘴山市、银川市和吴忠市；西侧属于内蒙古自治区阿拉善盟的阿拉善左旗。贺兰山与其东西两侧平原和高原的最大高差分别为 2400 米和2000 米，平均高差为 1500~1700 米，应划入中山之列。但它平地陡起，高昂突兀，山势雄伟。

二、地质发展史

贺兰山地的构造基底为贺兰山台陷，它是中朝准地台中鄂尔多斯西缘坳陷带的一部分。在距今 20 多亿年之前，这里是一个南北狭长的地槽洼地，由当时已隆起的古陆上搬运而来的各种物质在此沉积下来，形成了厚达万米的沉积层。古元古代末期吕梁运动来临，贺兰山在构造运动作用下从海水中跃出，成为陆地。与此同时，炽热的岩浆也乘虚而入，顺着构造裂隙涌出地面，形成大面积的花岗岩岩体和侵入体，贺兰山东侧一些沟谷中出露的斜长石花岗岩岩体，经"钾氩法"测定，其生成年龄为距今大约 18.4 亿年，就是这一时期岩浆活动的产物。贺兰山还有一些沟谷，如柳条沟、大武口沟等，出露的前寒武纪地层主要是变质作用下形成片麻岩、石英岩。

中元古代，贺兰山地区重又下沉而被海水淹没，但这时的海洋已不再沉寂，生命物质正在孕育。最早出现的是一些体形不足 10 微米的原核生物，如厚带藻、光球藻、粗面球形藻等，继此之后，体形较大的蓝藻类出现并逐渐成为当时海水中最活跃的生物类群，其生命活动的痕迹今天还记录在贺兰山区的石灰岩、白云岩层中，那呈同心圆状的"叠层石"构造，就是蓝藻生命活动与沉积成岩作用的结果，贺兰山区中元古界叠层石中有代表性的就有加尔加诺锥叠层石、铁岭叠层石、王全口锥叠层石、雅库特叠层石等。

在距今 10 亿年前的新元古代，构造运动使贺兰山再度隆起，而在随后的 3 亿~4 亿年中，贺兰山区处于一种升降拉锯阶段。伴随着气候的节律性变化，贺兰山地区曾一度为冰雪覆盖，渡过了漫长的冰期。其后，随着气温的回升，冰雪消融并汇成一股股汹涌的水流，挟带着石块、冰块和沙砾由高处滑落。在贺兰山一些沟谷中发现的震旦系冰碛石，就记录着这段地史。

在距今 6 亿年之前，贺兰山地区重又下沉为海水淹没。随后的 3 亿多年中，贺兰山进入了一个全新的演变时期，生物的进化和繁荣达到了前所未有的程度，以节肢动物三叶虫为主的无脊椎动物在海水中大量繁衍，随着沉积成岩作用的进行，贺兰山区形成了以轻度变质的石灰岩、页岩、砂岩构成的寒武－奥陶系地层，其中还蕴藏着丰富的磷矿资源。晚奥陶纪以后，贺兰山地区又一次隆起成山，经受了长达亿万年的剥蚀与夷平，在贺兰山区巨厚的地层序列中，缺失晚奥陶系至早石炭系。

晚石炭纪至二叠纪，贺兰山地区地壳变动十分频繁，时而上升，时而下沉，最后演变为湖沼相沉积环境。当时的贺兰山地区是比较暖湿的亚热带气候，随着"蕨类时代"的来临，这一地区也是一片生机盎然的景象，高大的芦木、磷木、封印木及多种羊齿类植物茁壮生长，郁郁葱葱，形成茂密的森林。林木死亡并被泥沙掩埋，新的森林又从埋藏层上成长起来，而后又死亡和被掩埋，这样的过程周而复始地进行，在漫长的地质作用下，形成了埋藏在砂岩中的煤层，贺兰山的煤炭资源主要就是在这一时期形成的，含煤地层的植物群组成是石松纲、楔叶蕨纲、真蕨纲和种子蕨纲等。

到了距今 0.7 亿~2.5 亿年间的中生代，在三叠纪和侏罗纪早期，贺兰山地区是相对稳定的准平原陆相环境，以松杉类为代表的裸子植物在此繁衍生长，由于气候开始变得干燥，这一时期的森林已不及晚古生代那么旺盛，但还是形成了一系列的煤层，这是贺兰山地区的第二个成煤期。侏罗纪晚期到白垩纪，贺兰山地区在燕山运动的作用下开始上升，最初的上升运动是和缓的，但后来构造运动变得极为强烈，在距今 8000 万年时，贺兰山一举升起，屹立苍空，奠定了今天这样巍峨的山势。

新生代第三纪期间，贺兰山地受喜马拉雅造山运动的影响，继续上升并遭受剥蚀，而东侧的银川平原此时则从古贺兰山的基础上脱离出来，断块下降，接受沉积。由于青藏高原的强烈隆起和古地中海的消失，行星风系控制的环流形势被季风环流取而代之，湿润气流难以到达，贺兰山地区的气候的大陆性逐渐增强，气温也有所下降，但贺兰山及其周边地区还是一种以森林植被为主的自然景观。

距今 200 多万年以来，地质历史跨入一个以智慧生命人类为代表的发展阶段——第四纪，这也是一个以黄土堆积和冰川活动最为典型的时代，贺兰山地在此期间曾几度为冰川覆盖，有人认为出现过四次冰期：高山冰期、镇木关冰期、火烧圈冰期、贺兰冰期。第四纪贺兰山地区的景观继续旱化，森林植被逐渐为草原植被所代替。贺兰山最后一次冰期出现在距今 12 000~31 000 年的晚更新世，相当于玉木冰期，冰斗冰川和山谷冰川发育，冰川作用和冰缘作用在贺兰山刻下了深深的印记。

三、地理概况

（一）地貌

贺兰山是一条典型的拉张型外倾式断块山地，其东西两侧均为正断层控制，东断层面倾向银川平原，西断层面倾向阿拉善高原。山地东仰西伏，两坡很不对称，其中东坡较短，山势陡峻，河谷比降一般为 1/100~1/10，最大相对高差达 2056 米，山地与平原直接过渡，大块漂砾构成的山前洪积扇南北相连，并与洪积冲积倾斜平原连为一体；西坡长而和缓，沟谷比降也比较小，最大相对高差 1556 米，山前以下白垩统庙山湖群为基座，上覆早、中更新世洪积层的台地相当发育，台地之外为洪积倾斜平原，继之为沙漠，自东而西构成由山地—台地—平原—沙漠的地貌格局。

贺兰山山脊东西两侧的岭谷，多呈近东西展布，南北更替之势。东侧自北往南主要沟谷有柳条沟、黑水沟、大武口沟、龟头沟、汝箕沟、大水沟、插旗沟、贺兰沟、苏峪口沟、滚钟口沟、黄旗口沟、甘沟、榆树沟、三关口沟等。西侧自北往南主要有北寺沟、南寺沟、水磨沟、哈拉乌北沟、哈拉乌南沟、宽沟、镇木关沟、冰沟、黄渠沟、峡子沟等。

贺兰山通常被划分为北、中、南三段，大致以大武口—宗别立一线的正谊关断裂和三关口附近的元子山—营盘山断裂为界。

北段山地较宽，达 60 千米，长 25 千米，海拔一般为 1600~1800 米，山体被多条近南北向宽谷切穿，山势低缓，海拔最高的山峰名为古隆呼都格，为 2181 米。北段山地的主体由太古界贺兰山山群混合岩与太古代－早元古代混合花岗岩组成，由于干燥剥蚀作用盛行，花岗岩在强烈的物理风化下形成球状风化地貌，山脊大多呈现浑圆形。

中段山地系贺兰山的主体，长 130 千米，宽度一般在 20~30 千米，山势高峻，海拔多为 2500~3000 米，最高峰敖包疙瘩就位于该段。海拔 3000 米以上的山地，主要的地貌外营力是寒冻风化作用，在其作用下，由页岩、砂岩、砾岩构成的山地呈现梳状山峰；而由碳酸岩和白云岩构成的山地，当岩层倾向与坡向相反时，往往形成悬崖峭壁，一致时则造成直线状或凸状山坡。海拔 2000~3000 米的山地，主要受流水作用的切割侵蚀，沟谷深切，山势陡峻，形成岭谷相间，高差悬殊的地貌形态。

由于断层的切割，贺兰山中段的东坡还表现出"阶梯状"错落的地形特征，其中大武口至汝箕沟，山体被两条北东走向的正断层切割，形成海拔分别为 2000 米、2400 米和 2500 米的三级"阶梯"；插旗沟至贺兰山主峰发育了海拔分别为 2000 米、2400 米、3000 米和 3500 米的四级"阶梯"；甘沟以南则形成海拔分别为 1400~1600 米、2000~2400 米和 3000 米左右的三级"阶梯"。东坡的沟谷也沿走向呈现出"阶梯状"，纵坡降较小的区段位于阶梯面上，较大的区段则位于两个阶梯面之间的陡坡上。

南段山地宽度大约 20 千米，长约 10 千米，山势低缓，海拔一般在 1600 米左右，相对高差 300~400 米。主要岩层为板岩、砂岩碎屑与碳酸岩等，在干燥剥蚀作用下，由碎屑岩构成的山地，山脊成梳状；由碳酸岩构成的山地，山脊多呈现锯齿状。

贺兰山从地貌类型上看属石质中山，它东隔山麓洪积冲积倾斜平原与黄河冲积平原相望；西由山麓洪积冲积倾斜平原过渡到沙地和沙漠；北与乌兰布和沙漠毗邻；南接土石低山，与其周边地区在地貌类型上截然分野，它高耸的形体和南北走向的展布方式，都奠定了它作为我国自然地理重要分界线的地位。

（二）气候

贺兰山深居我国大陆内部，具有典型的温带大陆性气候，其邻近地区冬季受强大的蒙古冷高压控制，时间长达 5 个月之久，天气多晴朗、干燥和严寒，盛行西北风；春季增温较快，并常有寒潮侵袭，乍寒乍暖，天气不稳定，并多大风；夏季短促，由于东南季风到此已是强弩之末，降水稀少，天气炎热、干燥，午后常有雷雨；秋季天气晴朗，但为时甚短，降温迅速，10 月初始见霜降，很快进入冬季。

贺兰山具有山地气候的典型特征，气温低，变化大，降水量多于周边低海拔地区。根据位于海拔 2900 米的贺兰山主脊线上的高山气象站的观测资料，年平均温度仅−0.8 ℃，年降水量约 430 毫米，气温的年日较差分别达到 26 ℃和 8 ℃左右；光照充足，年平均日照在 3000 小时以上，但气温≥10 ℃的日数仅有 38.2 天，积温 478.6 ℃。贺兰山多风且风速较大，山地下部盛行偏北风，上部以西风为主导风向，大风日数平均每年 158 天。

贺兰山的气候垂直分异也很突出，降水的垂直变化尤甚，由山地与山麓几个典型气象站的相关气候要素对比可见一斑。由贺兰山山麓到山脊，平均每上升 100 米，降水量增加大约 13 毫米。降水的年变率很大，山体上部多雨年降水量可达 600 毫米，少雨年则不足 200 毫米。降水的年内分配也很不均匀，年降水量的 60%~80% 集中在 6—8 月，海拔越低夏季降水量占的份额越大，可达 75% 以上。贺兰山的实测年蒸发量的平均值在中高山区为 900~1000 毫米，浅山与山前洪积平原上为 1000~1200 毫米，南北段的低山区达 1200~1600 毫米。由贺兰山中段的高山至南北段的低山区，干燥度变化为 2.0~8.0。（见表 2-3-1）

表 2-3-1　贺兰山山地与山麓气候资料

气候要素	高山气象站	银川	石嘴山	巴彦淖尔
海拔高度 / 米	2900	1112	1091	1561
年平均气温 /℃	−0.8	8.5	8.2	7.5
一月平均气温 /℃	−14.2	−9.0	−9.4	−10.0

气候要素	高山气象站	银川	石嘴山	巴彦淖尔
七月平均气温 /℃	11.9	23.4	23.5	22.6
极端最高气温 /℃	25.4	39.3	37.9	36.6
极端最低气温 /℃	−32.2	−30.6	−28.4	−31.4
年降水量 / 毫米	429.6	202.7	183.4	213.1
≥10 ℃积温 /℃	478.6	3298.1	3251.7	2998.4
无霜期 / 天	122.6	107.1	188.7	182.8

（三）水文

贺兰山是我国内流区与外流区的分界线，以其山脊线为界，东侧属于黄河流域，西侧属于阿拉善内流区。由于气候干燥少雨，山体范围也比较小，水资源贫乏，年径流深度变化为 5~40 毫米。其地表水的矿化度为 0.5 克 / 升，年平均含沙量为 20~25 千克 / 立方米，年平均输沙模数为 500~2000 吨 / 千平方米。

贺兰山东坡的年径流系数为 0.13，地表径流总量为 712 万立方米，其中常流水为 2550 万立方米，占地表径流总量的 40.5%，其平均径流深度为 10.8 毫米。贺兰山的常年径流主要分布在其中段的上游地区，由于山地高寒，降水比较丰富而蒸发量相对降低，加之植被覆盖率高，水源涵养作用强，地下水和基岩裂隙水补给型的常流水及跌水、小瀑布发育。而在中段下部和南北两段，由于地势低缓，降水量小而蒸发量大，少有常流水。西坡共有泉溪 12 条，一般流量较小，哈拉乌南北两沟的最大流量为 100 升 / 秒，年平均径流量为 179.6 万立方米。总之，在众多的沟谷中，沟口有常流水下泄的沟道很少，仅有苏峪口、大水沟、哈拉乌北沟、北寺沟等少数几个，其他均属季节性有水沟道，遇暴雨产生洪水时才有地表径流。

贺兰山山地中北部（甘沟以北）的地下水是以片麻岩、花岗岩、变质岩和混合岩等构成的块状岩体中的裂隙水，这些岩体中断裂和裂隙都非常发育，泉流量可达 0.8~1.6 立方米 / 天，矿化度小于 1 克 / 升，水质良好；中南部（甘沟以南）则属于碳酸盐岩类为主的裂隙、岩溶储水带；东西两侧的山麓洪积冲积倾斜平原的地下水主要为松散岩类孔隙水，储水岩层是第四系砾石、沙砾及沙层，厚度一般为 40~160 米，属于埋藏较深的潜水，不易开采，但是在其前缘，即洪积冲积倾斜平原与黄河冲积和湖积平原接壤的地带，地下水逐渐增多为双层或多层结构的潜水—承压水，在局部地段还有上升泉群出露。

（四）植被

贺兰山共有野生维管植物 80 科、324 属、690 种，占全国维管植物总科数的 23.0%、总属数的 10.1%、总种数的 2.0%，其中蕨类植物 9 科、10 属、12 种；裸子植物 3 科、5 属、8 种；被子植物 68 科、309 属、670 种。

贺兰山在植被区系组成上以温带分布类型最为突出，如禾本科的针茅属、菊科的蒿属、豆科的棘豆属与锦鸡儿属等，都是此地有代表性的大属。

贺兰山具有典型的温带干旱区植被组合，共有常绿针叶林、针阔混交林、夏绿阔叶林、常绿针叶灌丛、落叶阔叶灌丛、疏林草原、典型草原、荒漠草原、草甸和农田等 11 个植被型。这多种多样的植被类型，井然有序地分布，构成了贺兰山多样化的山地植被垂直带，即东西坡不同，阴阳坡有别的植被垂直带谱。（见图 2-3-1）

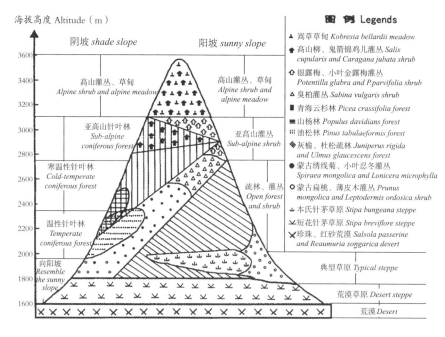

图 2-3-1　贺兰山山地植被垂直分布图

以贺兰山东坡为例，从山麓到主峰可分为五个植被带，即山麓荒漠草原带、山地草原带、山地疏林草原带、山地针叶林带和亚高山灌丛草甸带。

（1）山麓荒漠草原带

1400 米以下为山麓荒漠草原。以短花针茅、戈壁针茅、中亚细柄茅、灌木亚菊、鹰爪柴、猫头刺等旱生至强旱生的草本和灌木构成的植被。主要土壤类型为山地灰钙土。

（2）山地草原带

山地草原分布于海拔 1400~1600 米，气候温暖而干旱，年平均温度 8 ℃ 左右，年降水量 200~300 毫米。土壤为山地灰钙土，土层浅薄贫瘠，地表多有碎石分布，或基岩裸露，荒漠草原占绝大部分。旱生现象明显，植物种类贫乏，植被覆盖度一般为 10% 左右，多为耐旱小灌木和草本植物。主要植物有沙冬青、蒙古扁桃、小叶朴、文冠果、斑子麻黄、节节草、墙草、蔄蓄、旱苗蓼、雾冰藜、猪毛菜、瞿麦、瓦松、蕨麻、苦豆子、披针叶黄华、苦马豆、狭叶米口袋、斜茎黄芪、鼠掌老鹳草、霸王、一叶萩、柳叶鼠李、小叶鼠李、乌头叶蛇葡萄、紫花地丁、白首乌、蒙古莸、裂叶荆芥及百里香等。此外，尚有银柴胡生长于海拔 1400 米以上的河滩、石质山坡上，甘草则分布于海拔 1320~1450 米的农田地埂上。

（3）山地疏林草原带

山地疏林草原分布于海拔 1600~2000 米范围内，气温较山地草原带稍有下降，年降水量约 250~350 毫米，为山地灰钙土，土层稍厚。本带在贺兰山东坡分布面积大。常见植物有沙冬青、灰榆、蒙古扁桃、细唐松草、香唐松草、鄂尔多斯小檗、白屈菜、瓦松、大花白地榆、二裂委陵菜、大萼委陵菜、山杏、草木樨状黄芪、牻牛儿苗、远志、卵叶远志、酸枣、紫花地丁、锥叶柴胡、甘肃黄芩、角蒿、火绒草、祁州漏芦、攀援天冬、热河黄精、玉竹、黄精和轮叶黄精等。河滩地、林缘草甸中还分布有小花糖芥。

（4）山地针叶林带

山地针叶林带分布于海拔 1900~3100 米的中山和亚高山地带。气温明显降低，年均温 −0.8 ℃；降水量显著增加，年均降水量 429.8 毫米。土壤自下而上为山地灰褐土和淋溶灰褐土，土层较厚，含有机质较多，水分条件明显改善。山地针叶林带为贺兰山植被垂直带谱的主要组成部分。植被主要有紫丁香、毛樱桃，稠李、油松、杜松、白桦、青海云杉、油松山杨林、灰榆林、珠芽蓼、拳参、旱麦瓶草、类叶升麻、蒙古白头翁、大瓣铁线莲、秦岭小檗、小丛红景天、库页悬钩子、拟蚕豆岩黄芪、小叶黑柴胡、短茎柴胡、葛缕子、翠南报春、粉报春、鳞叶龙胆、达乌里龙胆、秦艽、小叶忍冬、多歧沙参、华北紫丁香、小叶金露梅、华北银露梅、蒙古绣线菊、大丁香及大南星等，林缘地带还生长有巴天酸模、皱叶酸模等。

（5）亚高山灌丛草甸带

亚高山灌丛草甸分布于海拔 3100~3556 米，多为裸露岩石区，土壤为山地草甸土，气候高寒，风力强劲，山顶风力尤大，但高山雨量仍较丰沛。湿冷的环境为耐寒的中生灌木和多年生草本植物的生存创造了条件。植被覆盖率极低，主要植物有鬼箭锦鸡儿、多种蒿草、珠芽蓼、高山蚤缀、蒙古蚤缀、西藏点地梅、长果婆婆纳、高山唐松草、唐古特毛茛、西北缬草、鹿蹄草、红花鹿蹄草及凹舌兰等。

（五）土壤

贺兰山的土壤类型比较多样，并随着海拔的升高与植被类型一道，呈现出有规律的变化。在东坡海拔 1700 米以下、西坡海拔 1900 米以下的低山区和山前洪积冲积倾斜平原的草原与疏林草原植被下，分布着山地淡灰钙土和粗骨土；海拔 1700 米或 1900~3100 米的森林和灌丛植被下，主要分布着山地灰褐土；3100 米以上的亚高山灌丛草垫植被下，则发育了山地草甸土。

山地灰钙土的成土母质是洪积冲积物，形成的土壤质地较粗，一般为沙壤土或紧沙土，其中混有较多的砾石和碎屑岩。土层瘠薄，厚度在 1 米以内，其中机质层厚约 20 厘米，有机质平均含量 0.63%。有机质层下部则为结构紧实的钙积层，碳酸钙平均含量为 22%，可溶性盐含量为 0.25%，最下部的母质层的含盐量可达40% 以上。

粗骨土是在贺兰山浅山区的半风化岩石碎屑上发育的，厚度一般不足 30 厘米，质地很粗，砾石含量常在 30% 以上，土壤分层不明显，其上植被稀疏，有机质含量为 2.5% 左右。

贺兰山灰褐土的成土母质主要是砂岩、页岩的风化残积物，虽然其上植被茂密，但由于山坡陡峻，坡度往往在 30° 左右，土壤度只有 60~70 厘米，为中性或微碱性土，质地中等，呈中壤至轻壤质。灰褐土的剖面结构非常鲜明，自上而下有枯枝落叶层、腐殖质层、过渡层、淀积层和母质层等。枯枝落叶层厚 3~4 厘米，有机质含量可达 20%；腐殖质层平均厚 12 厘米，疏松多孔，结构良好，有机质含量达 8% 以上；过渡层厚 30%~40%，结构逐渐变得紧实，有机质和速效养分呈明显下降趋势；淀积层平均厚度为 27 厘米，有假菌丝状石灰淀积。

山地草甸土是在贺兰山的亚高山灌丛草甸下发育的，土体中积累的有机质较多，自然肥力较高，全剖面的有机质含量平均达 7.7%。由于气候冷湿，淋溶作用也比较强，而且由于冻土层滞水作用，心土层往往还伴有氧化还原作用或轻度的浅育化作用，在腐殖层下发育了过渡层和锈土层，整个土体的厚度可达 120 厘米以上。

四、自然资源

（一）矿产资源

贺兰山在地质历史时期，处于海相、陆相及海陆交替相不断变换的沉积环境中，火成岩活动相对微弱，因此形成了以非金属矿床为主的矿产资源，主要有煤、磷、白云母、白云岩、化工灰岩、水泥石灰岩、石英砂岩、建材黏土、荷兰石、金、铁、钛、铬等十余种。煤炭资源是贺兰山地区已开采的最大宗矿产，其次还有水泥石灰岩、石英砂岩等。已探明的熔剂用石灰石、白云岩、硅石、耐火黏土、磷、玻璃用石英砂岩、化工用石灰岩等的储量，占宁夏该类矿产总储量的绝对优势，对于当地的工业生产有举足轻重的影响。金、铁、钛、铬、镍等金属矿藏虽然只探明少数矿点，还未具有开采价值，但由于具备一定的成矿条件，很可能是这些矿务的远景区。

贺兰山两侧的广大地区，也有着相对丰富的矿产资源，特别是西侧的阿拉善盟，有铁、铜、镍、磷、石墨、水晶、冰洲石、湖盐、芒硝、石膏、萤石、金、银、铂、宝玉石及建筑石材等矿藏 86 种，产地 416 处，已探明具有一定规模的矿产 24 种，产地 137 处，地质总储量 35 亿吨以上。储量大、开采技术条件好的优势矿产有煤、湖盐、铁、铌、芒硝、冰洲石、花岗石、石墨、水晶、玛瑙等。其中无烟煤、湖盐、冰洲石、花岗石储量居全区第一位。主要矿产地质储量为：无烟煤 3.9 亿吨，远景储量 10 亿吨，铁 8.3 亿吨，湖盐 1.3 亿吨，芒硝 4.7 亿吨，萤石 1195 万吨，石墨 7800 万吨，铌 2.1 万吨。值得一提的是，位于阿拉善左旗的吉兰泰盐场，历经 270 余年的开采而不枯竭，目前，成品盐的年产量还能达到 100 万吨以上。

（二）能源资源

贺兰山地区的能源资源有化石能源、风能、太阳能、水能等，已发挥出资源价值的只有化石能源中的煤炭资源。贺兰山地区的采煤历史已逾 300 年，目前的煤炭保有储量大约 40 亿吨，虽然总量不多，但年开采量却占到宁夏的一半以上与阿拉善的 80%，尤其是产于汝箕沟与古拉本矿区的优质无烟煤——太西煤。储量丰富，地质构造简单，易于开采，更宜于机械化开采，从 1964 年开始进入国际市场，远销比利时、法国、英国、德国、波兰、日本、马来西亚、泰国、菲律宾和港澳等十余个国家和地区。近年来通过钻探，已在银川平原发现油气显示，是油气资源的远景区，在不久的将来，必然会发挥出其资源效益。

风能、太阳能等洁净能源，在贺兰山地区也比较丰富。例如，贺兰山山区的风速年平均值为 7.3 米 / 秒，是邻近地区的 3~4 倍，年平均有效风能密度在 200 瓦 / 平方米左右，全年有效风速（3~20 米 / 秒），累计时数达 5500~7400 小时；贺兰山周边地区全年太阳总辐射量在 5900 兆焦耳 / 平方米以上，其值仅次于青藏高原地区，比同纬度的华北地区多 40 兆焦耳 / 平方米，全年日照时数平均值为 2900~3100 小时，中高山区由于多云雨，日照时数比平原地区少 20%~30%。由于目前经济发展水平和技术条件的制约，本地区的风能与太阳能的规模开发还未起步，但是，家庭式的风能发电照明与太阳能取暖、烧水等洁净能利用方式，则非常普遍。由于贺兰山山区少常年性河流，水流量也比较少，水能资源缺乏，但是周边地区因黄河过境，而且落差 200 米左右，水能资源理论储藏量 202 万千瓦（千瓦），可开发利用 86.68 万千瓦，已建的青铜峡水库利用了 27 万千瓦，大柳树水库利用了 40 万千瓦，另有沙坡头水利工程作为国家西部开发重点投资项目正在建设中。

（三）水资源

贺兰山山区地表水资源贫乏，其东麓地表水资源总量为 7060 万平方米，占宁夏当地地表水总量的 7.9%；年径流平均深度 22.2 毫米，年径流稀疏为 0.11；每平方千米产水量 2.5 万平方米，只及全国平均值的 9%；每平方千米年输沙模数 500~2000 吨 / 年；有常流水的沟道在 20 世纪 80 年代初有 37 条，总水量大约 2000 万立方米。贺兰山中段的地表水属重碳酸盐钙型水，离子总量 0.2~1 克 / 升，总硬度 2.5~5.0 毫克当量 / 升，属软水或适度硬水，适于人畜饮用，但北段沟道里的地表水一般为碳酸盐型水，不能饮用。地下水资源在蕴藏量在贺兰山区也很少，约为 0.25 亿立方米 / 年。

（四）生物资源

贺兰山位于半干旱区向干旱区的过渡地带，周边地区尽是荒漠与半荒漠，它是兀立干旱背景中的一个"湿岛"，因而，既是蒙宁两省区的生物资源宝库之一，也是生物多样性保护的重点区域。

贺兰山共有野生维管植物 690 种，占内蒙古维管植物总数的 30.1%，占宁夏维管植物众数的 43%，80% 以上有药用、食用和饲用价值；有真菌 80 余种，其中的贺兰山紫蘑，味极鲜美，是驰名塞外的贺兰山野生蘑菇面的上好辅料。贺兰山有国家级重点保护植物 5 种，即沙冬青、野大豆、蒙古扁桃、羽叶丁香和四合木，是隶属藜科的一种落叶小灌木，为第三纪孑遗植物，也是阿拉善东缘特有种，它既可以饲用，又因富含油脂极易燃烧而用作薪柴，因此，资源破坏极为严重，已濒临灭绝，亟待保护。贺兰山有林地面积在 5 万公顷以上，其中东坡林区总面积 2.8 万公顷，有林地面积 17 000 余公顷，疏林地面积 8000 公顷，灌木林地面积 3800 平方公顷，森林覆盖率（有林地面积 + 灌木林地面积）为 13.4%，总蓄积量 175 万立方米；西坡 2.4 万公顷，森林覆盖率为 35.4%，活立木蓄积量 209 万立方米。主要的森林类型有青海云杉纯林、青海云杉与山杨混交林、油松纯林、油松山杨混交林、山杨纯林及灰榆疏林等，森林资源主要集中分布在山的中段，多为幼、中龄林，少部分为近熟林及过熟林。贺兰山地的草场资源面积约 40 万公顷，草场类型主要是荒漠草原、草原化荒漠，在北段和南段还有部分干荒漠，草场的生产力普遍低下，产草量一般在 1500 千克 / 公顷左右，1 公顷草场还不够承载一头羊。贺兰山地共有脊椎动物 182 种（亚种），隶属 2 纲、14 目、34 科，其中鸟类 134 种，哺乳类 48 种，这里是我国主要经济动物斑头鹰、柚燕、林蛙、沙蜥、马鹿、马麝、盘羊等的分布区，有国家级保护动物 29 种，主要有石貂、马鹿、马麝、斑羚、岩羊、盘羊、兀鹫、胡兀鹫、蓝马鸡等。

（五）土地资源

贺兰山地计有中山丘陵、低山丘陵、砂砾质沟谷、砾质平地四大类土地类型，草甸草原、中山灰褐土针叶林地、中山灰褐土针阔混交林地、中山灰钙土灌木林地、中山灰钙土灌木草地、石质荒漠地、砂砾质沟谷地、坡积 – 洪积块石地、砾石戈壁、洪积砂砾质戈壁等小类 12 个亚类土地类型。从大农业利用来看，贺兰山地的土地资源均不适宜农用，但是可以用于发展林牧业生产，其中东坡的中山灰褐土针叶林地是上好的林业用地，中山灰褐土针阔叶混交林地与砂砾质沟谷地是中等林业用地；中山灰钙土灌木林地、中山灰钙土灌木草地是较差的林业用地；其他土地类型基本上都是中等或较差的牧业用地。

第四节　阿拉善左旗实习

一、内蒙古阿拉善左旗地理位置和政区建制

阿拉善左旗位于内蒙古自治区西贺兰山西麓，是阿拉善盟盟府所在地。
旗域地理坐标为北纬 37°24′~41°52′，东经 103°21′~106°51′。东北与内蒙古自

治区巴彦淖尔盟乌拉特后旗、磴口县相连；东与内蒙古自治区伊克昭盟鄂托克旗、乌海市为邻；东南与宁夏回族自治区石嘴山市、平罗县、银川市、永宁县、青铜峡市相望；南与宁夏回族自治区中卫县、中宁县，甘肃省景泰县、古浪县接壤；西与甘肃省武威市、民勤县，内蒙古自治区阿拉善右旗毗邻；北与蒙古国交界。边境线长 188.68 千米。全旗南北长 495 千米，东西宽 214 千米，总面积 80 412 平方千米，占阿拉善盟总面积的 29.95%。全旗辖 10 个镇、13 个苏木，总人口约 14 万，是一个蒙古族为主体的少数民族聚居区。

巴彦浩特是阿拉善盟、阿拉善左旗、巴彦浩特镇三级人民政府所在地，位于阿拉善左旗的东南部，贺兰山西麓，镇域地理位置为北纬 38°49′~38°52′，东经 105°39′~105°42′，总面积 714 平方千米，城市建成区面积约为 13 平方千米。

二、自然条件

阿盟地处亚洲大陆腹地，为内陆高原，远离海洋，周围群山环抱，形成典型的大陆性气候。干旱少雨，风大沙多，冬寒夏热，四季气候特征明显，昼夜温差大。年均气温摄氏 6~8.5 ℃，1 月平均气温 −14~−9 ℃。极端最低气温 −36.4 ℃；7 月平均气温 22~26.4 ℃，极端最高气温 41.7 ℃。年平均无霜期 130~165 天。由于受东南季风影响，雨季多集中在七月、八月、九月。降雨量从东南部的 200 多毫米，向西北部递减至 40 毫米以下；而蒸发量则由东南部的 2400 毫米向西北部递增到 4200 毫米。年日照时数达 2600~3500 小时，年太阳总辐射量 147~165 千卡／平方厘米。多西北风，平均风速每秒 2.9~5 米，年均风日 70 天左右。旗境自南向北跨越四个纬度，气温由南向北逐次递减。气温旗域变动一般为 5.8~8.6 ℃，中心值为 8.6 ℃。天气经常晴朗无云。大气透明度好，光照时间长、百分率高，光能资源丰富。

（一）气候特征

阿拉善左旗地处欧亚大陆腹地，位于东南季风界边缘。总的气候特点是干旱少雨、夏热冬寒、昼暖夜凉、日照充足、蒸发强烈、风大、无霜冻期短。阿拉善左旗具有明显的春暖、夏热、秋凉、冬寒的四季特征。

春季具有升温快、日较差大、雨雪少、风大沙多的特点。4 月 11 日至 18 日，各地先后进入春季。季节持续时间：北部 50 天，中部 55 天，南部 64 天，巴彦浩特 80 天。入春后，候（5 天）平均气温达 10 ℃以上，但由于受蒙古高压和大陆低压的影响，多气旋和反气旋活动，气候变化不定，乍寒乍暖，气温仍可达零下。寒潮或冷空气活动，会引起剧烈降温。1962 年 4 月 17 日气温曾降至零下 10.5 ℃。春季的冷热无常，对牲畜恢复膘情、抵抗疫病、顺利度春十分不利，低温霜冻对蔬菜水果生产也造成灾害。

夏季具有天气炎热、昼夜温差大、降水集中、蒸发强烈的特点。进入夏季日期：北部 5 月 31 日，中部 6 月 10 日，南部 6 月 21 日。夏季北部可持续 90 天，中部 68 天，南部 68~79 天，近贺兰山的巴彦浩特只有 25 天。进入夏季日期南部比北部迟，夏季持续时间南部比北部短。形成这种反常现象的原因：一是因为地势南高北低，高差约 400 米，低处气温高；二是南部植被条件较好，北部戈壁砾石上几乎没有植被，地表热容量小，太阳辐射使近地层急剧升温，候平均气温早于南部达到夏季标准。入夏后，太阳辐射加大，加之旗内有大面积的沙漠、戈壁地区近地层增温剧烈，形成酷热天气。处于北部戈壁的哈日敖日布格，1968 年 8 月 4 日，最高气温达到 40.1 ℃；处于乌兰布和沙漠的吉兰泰，在 20 世纪 70 年代有 4 年最高气温达到 40.0~40.9 ℃。酷热天气只是白天的情况，日落之后，地面热量迅速向天空辐射，天气很快变得凉爽。旗内夜间多晴朗无云，没有云层的长波辐射，地面一直失热降温，昼夜温差很大。粮食作物和瓜果、蔬菜在白天充分的光合作用之后，在凉爽的夜间，呼吸作用受到抑制，有利于营养物质的积累和产品质量的提高。入夏后，蒙古干冷高气压西撤，印度低压向北扩张，太平洋副热带高气压北进西伸，降水开始增多，旗内进入相对多雨阶段，通常在 8 月上旬开始，也可提前于 7 月下旬。夏季降水占全年的 55%~74%。

秋季短暂，风平气爽。旗内由北向南从 7 月 1 日至 8 月 24 日先后进入秋季。秋季持续时间，除巴彦浩特有 70 天外，由北向南分别为 40 天、45 天、47 天，阿拉善左旗处于东南季风北界边缘，副热带高压北进西伸带来的暖湿气流影响东部和南部，仍有一个相对多雨时段，多雨时段最迟可至 9 月上旬。秋季是作物和牧草的生长后期、农牧业的黄金季节，也是环流转换期。蒙古高压和阿留申低压增强，高压迅速从下层替换印度低压，加之太阳辐射减弱、天气变冷，糜、谷、荞麦、瓜果、蔬菜等作物往往来不及完全成熟，得到秋雨滋润的牧草来不及开花结实，就受到冷空气危害。

冬季具有漫长、干燥、寒冷的特点。10 月 8 日至 10 月 14 日各地先后进入冬季。冬季一般长达 185~190 天。受蒙古冷高压影响，冬季多晴朗天气，雨雪稀少，气温偏低。最冷月气温，希尼乌素可达 −15.7 ℃，哈日敖日布格可达 −13.4 ℃。年极端最低气温，各地均出现过 −30℃ 的记录，希尼乌素达到 −45.8℃。季节降水量仅占全年的 1%~4%。当北支西风急流中有西风槽及波动产生时，往往造成冷空气或寒潮活动，可有降温和刮风下雪天气。

（二）日照辐射

阿拉善左旗位于北纬 37°~42°，系荒漠干旱地区，经常晴朗无云。大气透明度好，日照时间长、百分率高，光能资源丰富。全年日照时数为 2900~3500 小时。哈日敖日布格到图克木一线以东以北地区和敖伦布拉格附近年日照时数多于 3400 小时，高值区在希尼乌素达 3500 小时；腰坝及腰坝以南近贺兰山、近中卫地区年日照时数不足 2900 小时，是低值区。以吉兰泰为界，年日照时数北部多于南部。某点日照实测时数与可照时数的百分比，称该点日照百分率。阿拉善左旗日照百分率吉兰泰以北（除巴彦诺日公）多于 73%，罕乌拉山地为 72%~73%，贺兰山近山地区以及头道湖、查干池以南少于 70%，其他地区为 70%~73%。阿拉善左旗太阳辐射度强，辐射量高。夏季辐射量大，冬季辐射量小，春季辐射量多于秋季。太阳辐射总量的分布趋势，与日照时数的分布大致相同。高值区在希尼乌素，年总量达 165.4 千卡／平方厘米；次高值区在敖伦布拉格、吉兰泰一线以北地区，高于以南地区；低值区在贺兰山及沿山一带。农作物和牧草生长发育的重要条件之一，是要有足够的热量和太阳辐射量。阿拉善左旗较强的太阳辐射及太阳能的季节分布状况十分有利于农作物及牧草的生长。其地域分布基本一致：哈日敖日布格经吉兰泰—敖伦布拉格一线以东、以北地区为高值区。各类积温期间太阳辐射量的低值区，大致在宗别立至腰坝一线以东近贺兰山地区，以吉兰泰为界，北部多于南部。位于腾格里沙漠中的查干池≥5 ℃、≥10 ℃积温期间辐射量接近旗内中部地区。≥15 ℃积温期间太阳辐射量，高值区分别在敖伦布拉格和乌力吉苏木苏红图—希尼乌素一线以东、以北地区；吉兰泰以南少于 74 千卡，巴彦毛道、巴彦诺日公和罕乌拉山地大部为 66~70 千卡。

（三）气温与无霜冻期

全旗平均气温为 7.4 ℃。旗境自南向北跨越 4 个纬度，气温由南向北逐次递减。气温区域变动一般为 5.8~8.6 ℃，高值区在吉兰泰，中心值为 8.6 ℃；低值区在罕乌拉山地及近山地区，其中希尼乌素只有 5.8 ℃。但由于受地势和下垫面的影响，年气温地域分布，并不完全反映纬度影响。如地处北纬 38° 附近的头道湖，气温为 8.0 ℃，而处于北纬 42° 附近的哈日敖日布格，气温 8.2 ℃，哈日敖日布格纬度比头道湖高 4 ℃，气温反而稍高。这种情况的出现主要受地势与下垫面的影响，海拔高度哈日敖日布格 935 米，头道湖 1342 米，哈日敖日布格地表为戈壁沙漠，植被覆盖率极低，热容量小，地面受热后，近地层增温很快，空气保持较高的温度；头道湖，降水量多于哈日敖日布格，植被覆盖率较高，地表热容量较大，受热后近地层空气的增温程度低于哈日敖日布格。但就冬季的气温而言，还是北部冷，哈日敖日布格最冷月平均气温-13.4℃，头道湖-10.0℃。气温随纬度增高而降低的规律比较明显。

吉兰泰气温高，除沙漠下垫面影响外，西部为巴彦乌拉山，北部为罕乌拉山，吉兰泰盐湖是一个盆地，下沉气流可产生绝热增温作用。低值区气温，主要受山地海拔较高的影响。

常年最冷月为1月，平均最低气温-11.6℃。头道湖至查干池一线以南高于-10℃，此线以北罕乌拉山地以南-13~-10℃，罕乌拉山地及以北地区-15~-13℃，希尼乌素最低，为-15.7℃，极端最低气温除宗别立和腾格里沙漠中邻近民勤地区高于-30℃，其他各地均在-36~-30℃。罕乌拉山地及四周地区-36℃以下。希尼乌素1960年12月18日出现-45.8℃的极端最低记录。

常年最热月为7月，平均最高气温达24℃，除宗别立及贺兰山低山区低于22℃外，其他各地都在22℃以上，热量达到夏季标准，有约五分之二的地区在25℃以上，极端最高气温出现在吉兰泰和哈日敖日布格，最高都达到40℃以上，其他大部地区在38~40℃。贺兰山区的巴彦浩特只有36.6℃，低山区的宗别立只有34.9℃。其分布特征，近贺兰山地区呈经向变化，其他地区大致为纬向变化。

气温年较差，南部为32.6℃，北部为36.3℃。日较差南部为12.0℃，北部为16.0℃。按本地气候常规和各类作物的生长特征，一般为春季日平均气温稳定通过0℃，土地解冻，牧草开始萌发；秋季气温稳定下降到0℃以下，牧草黄枯。全旗≥0℃的积温为3340~4115.6℃。春季日平均气温稳定通过3℃后，牧草开始返青，秋季3℃积温终止日期前，牧草开始黄枯。全旗3℃的积温为3272~4026℃。春季日平均气温稳定通过5℃，全旗基本进入绿色生长季，牧草普遍返青，小麦开始出苗；秋季气温稳定降至5℃，一般情况牧草尚未黄枯。全旗≥5℃的积温为3210~3970℃。≥10℃积温的初终间日期是各种作物和牧草生长期，全旗≥10℃的积温为2808~3695℃；≥15℃积温的初终间日期是喜温作物生长盛期，全旗≥15℃的积温为2210~3220℃。

无霜期有无白霜期和无黑霜期。阿拉善左旗空气干燥，近地层空气中水汽含量少，不易形成白霜。作物、牧草和果树等是否受到冻害，主要不在于有无白霜，而在于地面最低温度是否达到零度或零度以下，即是否出现黑霜。黑霜称为霜冻。全旗初霜日约在9月25日至10月23日，终霜日约在4月27日至5月15日。无霜冻期以贺兰山地区、罕乌拉山地以及巴彦诺日公、吉兰泰、巴彦浩特、腰坝最短，为 127~133 天；锡林高勒最长，为 167 天；南部待开发农业区无霜冻期较长为 145~154 天。

（四）降水、湿度与蒸发

阿拉善左旗地处内陆腹地，远离海洋，属中温带干旱区。因青藏高原的阻挡作用，印度洋暖湿气流难于进入旗境；远离东南海洋，暖湿气流经长途跋涉，对旗内降水作用不大；源自大西洋和北冰洋的西北水气流，受天山和阿尔泰山阻挡，携来水气量不多，降水作用不大，致使气候干旱，降水稀少，旗内大面积沙漠、戈壁对大气下界的强迫作用又加剧了干旱程度。大部分地区累年平均降水量为 64.0~208.5 毫米。

阿拉善左旗降水量东部多于西部，南部多于北部，山区多于非山区，从巴彦浩特向西北方向的中蒙边境，每百千米降水量平均递减 40 毫米。降水最多的地方是贺兰山中部海拔近 3000 米的地方，为 429.8 毫米；山区降水从山脊垂直方向往外迅速递减，到距山麓 15 千米的巴彦浩特，降水量减至 210 毫米。北部邻近中蒙边界地区，降水量最少，仅 70 毫米。东北部的希尼乌素与罕乌拉山地有一个"湿舌"，降水量接近 130 毫米；其中相当一部分是地形造成的地方性降水。旗内还存在一些这种地形造成的小范围"湿舌"。从宗别立苏木西部沿贺兰山近山区 1400 米等高线经木仁高勒、腰坝、李井等地，有一条与贺兰山走向大致平行的狭长地带，降水量为 175~200 毫米，巴彦浩特以东地区大于 200 毫米。巴彦木仁、乌素图、锡林高勒、巴润别立部分地区以及查干池以南、李井以西地区，降水 150~175 毫米。这个范围的降水是旗内除贺兰山近山地区外降水最好的地方，有较好的发展畜牧业条件。

阿拉善左旗降水量季节分布不均，降水主要集中在夏季。

春季（3—5 月）降水量，全旗各地 8~35 毫米，占全年降水量的 11%~22%。春季降水量最多的地方是巴彦浩特及以东沿山地区，约 35 毫米；伊克尔东部一带至巴彦浩特以东、敖伦布拉格和吉兰泰东部约 20~35 毫米；其他各地 20 毫米以下，其中乌力吉苏木苏红图以北小于 10 毫米。春季为牧草返青期，雨量严重不足对牧业生产不利。

夏季（6—8 月）降水较多，全旗各地降水量 46~125 毫米，占全年降水量的 55%~74%。降水最多仍在巴彦浩特及以东沿山地区，约 125 毫米；北部近中蒙边境的哈日敖日布格最少，只有 46 毫米。以吉兰泰为界，南部多于北部。南部锡林高勒以东地区受贺兰山影响，降水经向变化明显；北部降水分布，纬向变化明显，越往北降水量越少。夏季多雨时段与热量资源最佳时段同位，与光能资源最佳时段接近，有利于农牧业生产。

秋季（9—11月）降水量，全旗各地6~47毫米，占全年降水量的10%~28%。以吉兰泰为界，北部少于南部。北部降水量分布基本呈纬向变化，越往北降水量越少，大约由20毫米降至6毫米；吉兰泰以南从西北往东南方向递增，降水最多的地方仍在巴彦浩特及以东沿山地区，大于45毫米。

冬季（头年12月—次年2月）降水量，全旗各地2~6毫米，占全年降水量的1%~4%。吉兰泰以北地区1~2毫米，为全旗降雪最少的地方。宗别立、锡林高勒、红崖子一线—巴彦浩特近山地区，降水（雪）量3~6毫米，查干池5毫米，其他地区2~3毫米。冬春雪少，一般降雪量不大，积雪不厚，积雪持续时间不长，对牲畜觅食无影响或影响不大，有利于牲畜安全过冬过春。

全年降水量最多的月份，除哈日敖日布格是7月，其他各地均是8月，约占全年降水量的27%~32%。全年各月降水量巴彦毛道以北地区是2月最少，巴彦诺日公及其以南地区是12月最少。南部的头道湖、查干池和中部的宗别立是12月和1月最少。

阿拉善左旗降水量年际变化大，降水稳定性差，最多年和最少年相差悬殊。北部的哈日敖日布格，降水量最少的1962年，只有31毫米，降水量最多的1969年达143毫米，为1962年的4.6倍。南部查干池最少，年雨量61毫米，最多年雨量320毫米，最多年是最少年的5.2倍。其他地方情况大致相同。年降水相对变率最大的吉兰泰，为36%；年降水相对变率最小的巴彦浩特、锡林高勒等地为25%。

空气中的水汽量与同温度下饱和水汽量的百分比，称相对湿度。阿拉善左旗累年平均相对湿度为36%~47%，自东南向西北随降水的减少而降低。南部相对湿度44%~48%，中部40%~42%。由吉兰泰往西北方向至北部边境地区，相对湿度从41%降至36%。各地相对湿度，南部大于北部，贺兰山近山区大于中部和北部地区。头道湖、查干池一线及以南地区相对湿度47%，贺兰山近山区湿度43%，沿山及山区湿度更大。希尼乌素与罕乌拉山地降水"湿舌"区，相对湿度也比较大，达43%，比附近地区高至2%~3%。

阿拉善左旗日照充足，辐射强烈，致使蒸发量高于降水量。全旗各地累年平均蒸发量为2347.7~3993.2毫米，由西北向东南逐渐减少。邻近中蒙边界的哈日敖日布格，年蒸发量在4000毫米；由此往南至罕乌拉山地及山地边缘的巴彦诺日公，湿度低，风较边境地区小，蒸发量减少，只有2880毫米；山地南面的吉兰泰等地，蒸发加大，增至 3000 毫米以上；贺兰山近山地区少于 2800 毫米；巴彦浩特以东沿山地区少于 2400 毫米，最小值在巴彦浩特为 2348 毫米。旗内蒸发量最高最低值相差 1640 毫米。

蒸发量主要集中在春夏季的 4—8 月，占全年蒸发量的 70%。全年 6 月蒸发最大，1 月蒸发最小，夏季气温升高，在下垫面的影响下，蒸发量最大；春季由于风速大、湿度小、气温上升快，蒸发量仅次于夏季；冬季由于风速小、湿度大、气压低，蒸发量小。

（五）风

阿拉善左旗属风较多地区。南部东南风多，北部偏西、偏北风常见，静风频率也不低。风向除受季风影响外，也受地形和天气系统的影响，致使各地年最多风向不一致。如巴彦浩特常受强天气系统和贺兰山山地地形影响，多东南风和静风；在广阔平坦的戈壁地区，基本上无地形影响，地面最多风向反映季风特征，如哈日敖日布格和巴彦毛道累年最多风向是西风。

风速受地形和地表粗糙度影响，阿拉善左旗非高山区，年平均风速为 2.9~4.3 米／秒。西北部多平坦戈壁，平均风速较大，巴彦毛道以西、以北在 4.0 米／秒以上。山地和近山地区气流爬坡、风速减弱，罕乌拉山地、巴彦浩特年平均风速均为 2.9 米／秒。南部因起伏沙丘影响，腾格里沙漠中的查干池、沙漠边缘的锡林高勒、腰坝年平均风速只有 3.1~3.2 米／秒，其他地区为 3.0~4.0 米／秒。贺兰山地形和地表粗糙度对气流几乎没有影响。除 7、8、9 三个月受偏东或东风气流影响外，其余各月均为西北气流。年平均风速为 7.7 米／秒。北部国境线附近的哈日敖日布格是旗内年平均风速最大的地方，为 4.3 米／秒；巴彦浩特是旗内年平均风速最小的地方，为 2.9 米／秒。但旗内极端最大年平均风速 34 米／秒，出现在巴彦浩特，次极值 28 米／秒出现在哈日敖日布格。乌兰布和沙漠和腾格里沙漠中，极端最大年平均风速小于 20 米／秒。极端平均最大风速出现的时间，与多风季节基本一致，一般在 3—5 月，风向多为西北风或西风，其次是东南风。

阿拉善左旗风能资源较为丰富。以平均风速而言，旗内风能资源最好的地区是贺兰山顶，大岭的年平均风速 7.7 米／秒。贺兰山低山区的宗别立，因地形的狭管效应，平均风速大于等于 3.0 米／秒的日数，全年在 300 天以上，占全年总日数的 82%。巴彦毛道以北、巴彦诺日公、锡林高勒至头道湖一线，风能资源较好，平均风速大于等于 3.0 米／秒的日数，全年在 270 天以上，占全年总日数的 74%。风能资源较差的地区，敖伦布拉格至罕乌拉山以南，平均风速大于等于 3.0

米/秒的日数，全年为 240~270 天；最差的地方是巴彦浩特，平均风速大于等于 3.0 米/秒的日数仅 165 天，占全年总日数的 45%。旗内风能资源最好的月份是 3—5 月。

大风（风速大于 17 米/秒）是阿拉善左旗常见的天气现象，各月都有发生。春季地面受热增加，对流加强，高空强风动力下传，且冷空气活动频繁，大风日增多。3—6 月为多风期，约占全年风日数的 60%，大风出现的次数也最多，占全年的 67%。其中 4 月大风最多，占全年的 16%，10 月和 1 月大风最少，只占全年的 3%。大风日数北部多于南部。北部接近国境线地区，一年近 70 天；由此往南至巴彦毛道，近 50 天；巴彦诺日公、希尼乌素由于地势影响，分别只有 26 天和 10 天；罕乌拉山以南至中部吉兰泰地区近 30 天；巴彦浩特和头道湖每年约 15 天，锡林高勒 9 天，查干池 7 天，腰坝滩大风较多，每年约 28 天。旗内大风日数分布情况与地形、地表关系密切，北部多平坦戈壁、植被稀疏，故大风多；中部贺兰山区，植被较好；南部沙丘起伏，植被覆盖率大于北部，故大风较少。查干池在腾格里沙漠之中，成为大风最少的地区。

大风常与沙暴相伴。阿拉善左旗沙漠、戈壁面积很大，植被覆盖率低，沙暴日数较多。各地沙暴累年平均日数，以乌兰布和沙漠中的敖伦布拉格最多，达 48 个；其次是腰坝，达 28 个；巴彦浩特最少，只有 8 个。其他地区为 10~20 个。

三、地形地貌

阿拉善左旗地处甘肃、青海、新疆、内蒙古内陆区东缘，地势东南高西北低，平均海拔为 800~1500 米，全旗最高点是东南部贺兰山区的马蹄坡，海拔 3556 米；最低点在北部银根苏木境内，海拔 742 米。

阿拉善左旗境内山脉高耸、沙漠绵亘、丘陵起伏、戈壁无坡、交错分布，构成一幅复杂多样的地貌景观。按其特征大体可分为贺兰山山区、阴山余脉—乌兰布和沙漠区、腾格里沙漠区和中央戈壁区。

（一）贺兰山区

贺兰山区位于旗境东部和东南部，以贺兰山山脉为主体，包括山前冲积扇、洪积扇及其前沿倾斜平原和低山丘陵。分布在宗别立、木仁高勒、巴彦浩特、布古图、巴润别立、厢根达来和嘉尔嘎勒赛汉等苏木（镇）境内，地势由东向西倾斜，平均海拔高度 2000 米。

贺兰山地理座标北纬 38°07′~39°30′，东经 105°20′~106°40′。贺兰山东靠银川平原西侧，地形险要，呈南北走向。其东北端起于内蒙古自治区乌海市乌达区，与阴山山脉对峙，南至宁夏回族自治区中卫县沙坡头，与秦岭相望，绵延 250 千米，东西宽 30 千米，平均海拔高度 2700 米，相对高度 700 米，主峰达郎浩饶（汉名马蹄坡），屹立于山脉中段，海拔 3556 米，贺兰山在旗境内长达 86 千米，山体最宽处 12.5 千米，在木仁高勒苏木境内；最窄处仅 5 千米，在巴润别立镇境内三关处；面积为 763.4 平方千米，占全旗总面积的 0.96%。中生界以来，在东西向挤压力的作用下，产生了一系列南北走向的褶皱和冲断，贺兰山亦属此类。它阻挡了腾格里沙漠的东移，冬春季削弱了来自西北的寒流，成为宁夏回族自治区银川平原、内蒙古自治区河套平原的天然屏障，是中国一条重要的地理分界线，是中国夏季风影响范围的西界、中国内外流区域及年降水量 200 毫米等降水量线的重要分水岭、荒漠与非荒漠区的自然分界线。贺兰山属旱山区，年降水量仅 300 毫米，受内外引力作用久经风化剥蚀，山体多由风化石和黑青石构成。北段海拔多在 1600~2000 米，山背曲折断续、山峰孤立、坦地宽谷相间分布；中段海拔多在 2000~3000 米，山体完整、沟壑纵横、巍然峻大、东陡西缓、阴坡林木茂密；南段海拔在 1600 米以下，属低山丘陵地带，山势平缓、沟谷平宽、植被稀疏。

贺兰山有着丰富的自然资源，各类植物共有 63 科 241 属约 496 种，其中斑子麻黄、贺兰山翠雀花、毛枝蒙古绣线菊等 7 种植物是以贺兰山模式标本产地命名的特种植物，是植物资源宝库。有天然次生林 110 万亩，其中林地面积 36 万亩，木材积蓄量 290 万立方米。主要树种有青海云杉、油松、山杨、杜松、青杄、白桦、紫丁香等。整个林区松涛云海，景优色雅，具有保持水土、防风固沙、调节气候之功能，为沿山地区储蓄丰富的水资源。1981 年，国务院把贺兰山天然次生林划为水源涵养林。1992 年被国务院批准为内蒙古贺兰山国家级自然保护区，系全国重点水土保持林之一。贺兰山是一个宝山，在古拉本敖包、呼鲁斯太、石炭井等地蕴藏着 13 亿吨太西煤资源。另外，还有贺兰石、镁、铁、锰、铬、铝、石棉、磷、硅石等多种矿产资源；有黄芪、土沉香、翟麦、地榆、玉竹等 100 多种中草药和马鹿、香獐子、青羊、雪豹、猞猁、山鸡、松鸡、兰马鸡、扫雪、岩羊等多种野生动物。贺兰山东麓建西夏王陵，西麓建有广宗寺、福因寺等庙宇，南段有明代长城遗迹。山中树茂花繁、风景优美、空气清爽，是著名的避暑胜地和旅游佳境。

贺兰山山前冲（洪）积扇洪积台地，分布于贺兰山麓及山前倾斜平原，海拔高度为 1300~2300 米，面积 9888.4 平方千米，占全旗总面积 12.38%，地形开阔，有引山泉水之利，可资放牧和垦植。阿拉善左旗首府巴彦浩特位于贺兰山中部冲

（洪）积扇下沿。贺兰山前冲（洪）积扇前缘，在洪积作用下形成大面积倾斜平原，地形平坦，土质肥沃，且有丰富的地下水资源，适宜发展种植业。1970 年后，先后在腰坝滩、格林布隆滩和查哈尔滩等地区凿井修渠，开发水土资源，建成了旗境内主要的饲草料生产基地。

（二）阴山余脉－乌兰布和沙漠区

阴山余脉－乌兰布和沙漠区位于阿拉善左旗东北部，以低山丘陵和乌兰布和沙漠组成本区地貌主体，分布于罕乌拉、洪格日鄂楞、巴彦诺日公、敖伦布拉格、巴彦木仁、乌素图和吉兰泰等苏木镇，面积约 33 599 平方千米，约占全旗总面积 41.8%。阴山余脉西部尾端斜贯本区中部，山体呈东北—西南走向，在地势上将本区分割成中间高、两侧低的格局。

低山丘陵区，为阿拉善台地的一部分，由哈鲁乃山、巴彦乌拉山、罕乌拉、迭布斯格乌拉、乌兰哈沙、沙日希勃、乌兰苏布日格等低山残丘组成，一般海拔高度为 1500~1800 米。

巴彦乌拉山，位于吉兰泰镇与豪斯布尔都苏木交界处。东北至西南走向，面积约 340 平方千米，最高海拔 1474.8 米。山中蕴藏少量云母、石膏、铁等矿产。巴彦乌拉系蒙古语，意为富饶的山。原名那林哈日，嘉庆年间设巴彦乌拉巴格，故演变为今名。

罕乌拉山，位于罕乌拉苏木境内，山体呈东北至西南走向，长 11.5 千米，面积约 41 平方千米。最高海拔 1883.7 米。山间水泉、水泡子多达 20 多处。罕乌拉系蒙古语，意为最高的山，原名"哈拉金布日古德"，又称金雕山，史料中记载为"鸟山"。乌兰哈沙，位于巴彦诺日公苏木境内，距苏木驻地西南 22.5 千米，为丘陵地。西南部有大型花岗岩矿床。

迭布斯格乌拉，位于敖伦布拉格镇境内，为狼山余脉南端一山峰。海拔 1639.9 米，面积约 30 平方千米，北侧有中型铁矿床。乌兰苏布日格，在敖伦布拉格镇境内，地处狼山余脉南端、哈鲁乃山东段北坡，是一座砾石与红土黏结自然形成的高 30 米直径约 20 余米的棕色塔式石柱。相传是穆桂英系马柱，乌兰苏布日格系蒙古语，意为红塔。每年农历五月二十五日举行祭塔仪式，附近数百名牧民聚集于此，可谓一时之盛。

海森哈日山，位于巴彦诺日公苏木境内，海拔 1588 米，面积约 4 平方千米，海森哈日系蒙古语，意为黑锅。

巴彦希博山，位于巴彦诺日公苏木驻地东北 15 千米，最高海拔 1726 米，面积约 50 平方千米。巴彦希博系蒙古语，意为富饶的高山。西段有铁矿床，还发现锰、铅矿点。

沙日希勃，位于洪格日鄂楞苏木驻地西北 10 千米，系低山丘陵地。沙日希勃系蒙古语，意为黄牛蒡，发现中型铜、铁矿床。

低山丘陵北部有塞克雷坦沙漠，为乌兰布和沙漠余脉，伸入图克木、洪格日鄂楞苏木境内，北东—南西向由沙垄、沙丘及平沙地组成，沙丘高度 20~40 米，地形海拔高度 1200~1400 米。低山丘陵以南大部为乌兰布和沙漠所覆盖。北起敖伦布拉格、巴彦木仁苏木，沿北东—西南向，经乌素图、罕乌拉苏木，蔓延至吉兰泰苏木，沙丘高度 5~20 米，在风力作用下，形成格状沙丘和新月型沙丘链，整体地形由西北向东南倾斜，一般在海拔 1020~1200 米。

乌兰布和沙漠在第四系全新世时期已形成，距今已有万年之久，其母质为湖相、河相细砂和亚细砂沉积物，基地为鄂尔多斯台地与阴山余脉狼山山前过渡区沉降带。其西南断陷盆地位于吉兰泰苏木境内，在风积作用下，沉积了松散的湖积物，形成湖积平原，受气候和降水影响，湖盆封闭，形成湖泊，多为盐湖和盐沼。沙漠南部东临黄河，地形平坦、土质肥沃，土质多以风积、洪积层为主，有引黄灌溉之利，受贺兰山降水和黄河侧向补给，地下水资源丰富，在沉降构造影响下，下部水层多为承压自流，沙漠中绿色湖盆 36 处，多为碱湖，不能饮用，面积 835 平方千米，是天然牧场。

黄河由乌素图镇二子店附近进入旗境，沿乌兰布和沙漠东缘北下，流经乌素图、巴彦木仁苏木，行程 85 千米，从巴彦淖尔盟磴口县二十里柳子出境。黄河河谷位于千里山隆起带和乌兰布和沙漠沉降带接合部，东岸为鄂尔多斯高原千里山山前砾卵石洪积区，河岸较为坚硬；西岸为阴山余脉狼山山前沉降带—乌兰布和沙漠风积区，河岸质地松软；沿河有大片沙滩地。地下水位较高，可资种植和放牧，但近期沙漠东移甚为严重。

（三）腾格里沙漠区

腾格里沙漠区位于旗境西南部，主体分布在豪斯布尔都、通古勒格淖尔、查干布拉格、超格图呼热、额尔克哈什哈、腾格里额里斯和温都尔勒图等苏木镇境内。平均海拔高度 1320~1650 米，面积 25 514 平方千米，沙漠区由沙丘、湖盆、山地残丘及平原交错分布。

腾格里沙漠以综合型沙山带和密集沙丘链以及沙丘草灌丛带构成主要地貌形态。其间湖泊星罗棋布、地形千姿百态，沙丘占 71%，其中 93% 为流动沙丘。沙漠中有大小湖盆 304 个，面积 4788 平方千米，占沙漠总面积 18.4%。植被以沙生植物群落为主，是沙漠中的绿洲，为放牧主要草场。沙漠基地多系基岩，地质构造复杂，水资源除沙漠潜水补给外，大部以基岩裂隙水为主。湖盆区地下水位较浅，沙漠中有咸、淡水体 469 个，面积约 71 平方千米，是发展小块饲草料种植业、建设畜群草库伦、治理沙漠的理想基地。

腾格里沙漠南部，有未被风沙覆盖的低山残丘，分布于腾格里额里斯、温都尔勒图苏木。山丘起伏，地势平缓，无较大沟系发育，平均海拔 1500 米左右，其中位于腾格里额里斯苏木境内的通湖山最高，海拔 1617 米。山丘西北部有彦地拉图铁矿，南侧有通湖沟谷地，长约 40 千米。沟谷地东下通湖碰硝厂，出旗界入宁夏回族自治区中卫县，为沙漠内最大季节性集水沟道。腾格里沙漠南部进入温都尔勒图镇境内为黑山低山丘陵区，山丘低平，间有丘间凹陷盆地发育，底层有较丰富的煤矿资源，东北部石膏矿藏丰富。黑山陵区以南为一条山前冲洪积倾斜平原，位于内蒙古、甘肃两省区交界线两侧，旗境内漫水滩和西滩地阔土沃，适宜种植，为南部地区饲草料种植基地。

（四）中央戈壁区

中央戈壁区位于旗境北部，分布于乌力吉、银根苏木境内，面积约 14 280 平方千米，占全旗面积 17.8%，平均海拔 1000 米，属阿拉善高原的一部分。侵入性花岗岩和火山岩为本区基底。在戈壁中部沿特莫乌兰一线将该区地貌分割为北部戈壁和南部风蚀丘陵两个单元。北部戈壁地势平坦、一望无垠、地面砾石密布，植被极为稀少；南部为风蚀残山丘陵区，地形起伏，有银根凹陷盆地发育，海拔 742 米，为旗内最低点。

贺兰山区位于贺兰山区位于旗境东部和东南部，分布在宗别立、木仁高勒、巴彦浩特、巴润别立和嘉尔嘎勒赛汉等苏木（镇）境内，地势由东向西倾斜，平均海拔高度 2000 米。面积为 763.4 平方千米，占全旗总面积的 0.96%。

阴山余脉 – 乌兰布和沙漠区位于阿拉善左旗东北部，以低山丘陵和乌兰布和沙漠组成本区地貌主体，分布于罕乌拉、洪格日鄂楞、巴彦诺日公、敖伦布拉格、巴彦木仁、乌索图和吉兰泰等苏木（镇），面积约 33 599 平方千米，约占全旗总面积 41.8%。

腾格里沙漠区位于旗境西南部，主体分布在豪斯布尔都、通古勒格淖尔、查干布拉格、超格图呼热、额尔克哈什哈、腾格里额里斯和温都尔勒图等苏木（镇）境内。平均海拔高度 1320~1650 米，面积 25 514 平方千米，沙漠区由沙丘、湖盆、山地残丘及平原交错分布。

四、地质、构造

阿拉善左旗地处新疆亚板块的东部，受华北和青藏两个亚板块挤压，境内地质构造复杂，岩浆活动频繁。

（一）地层

根据沉积物特征、层序、矿产、古生物群、古地理条件、岩浆活动、变质作用可将阿拉善左旗地层划分成 3 个区：天山 - 兴安区地层区；华北地层区；祁连山地层区。

（1）天山 - 兴安区地层区

北部沿中蒙边境以南，乌力吉、图克木一线（约北纬 39°10′~40°50′）以北，为天山 - 兴安区地层区，属"内蒙古草原分区、巴丹吉林小区"。此区出露地层有前长城系的片麻岩类；古生界地齐全，为海相、陆相、海陆交互相的碎屑岩、碳酸盐、硬砂岩建造；中生界地层发育，为山麓 - 河湖相碎屑岩建造类基性火山岩；新生界的第四系发育，以风积、冲积、洪积、湖积物堆积为主，在湖积物中贮存较丰富的湖盐、天然碱、硭硝、镁盐等矿产。

（2）华北地层区

乌力吉、图克木一线（约北纬 40°50′）以南，西起额尔克哈什哈、查干布拉格，经厢根达来，转东南入宁夏一线（约北纬 38°20′~38°30′）以北，为华北地层区，属"阿拉善分区东部的雅布赖 - 吉兰泰小区"。此区出露地层为"地台型"。基底由前长城系变质片麻岩、片岩、混合岩和早元古界的花岗岩构成，含铁、石墨、黄金。盖层为震旦亚界的轻变质海相碎屑岩 - 碳酸盐岩，含丰富迭层石、锰矿、白云岩；古生界为海相沉积、缺失志留系、泥盆系、下石碳统，从中晚石碳统到二迭系为海陆交互相类酸性火山岩。在陆相沉积物中含有煤、菱铁矿、黏土矿；中生界地层零星分布，为内陆山麓 - 河湖相碎屑岩建造夹火山岩；新生界地层分布广泛，在第三系的陆相红色碎屑岩建造中含石膏和铀矿。第四系以风成砂为主，洪积、冲积、湖积物次之，在湖积物中含有丰富的湖盐、天然碱、硭硝、镁盐、钾盐等盐类矿产。

（3）祁连山地层区

旗境南部（北纬 38°20′~38°30′ 以南）为祁连山地层区，属"武威 - 中宁小区"。此区出露地层最老为下古生界巨厚的海相娄复理式建造、碎屑岩 - 碳酸盐岩建造类基性火山岩。上古生界地层较发育，为陆相红色碎屑－磨拉石建造、泻湖相和海陆交互相含煤建造；中、新生界地层皆为陆相碎屑岩建造，含有多层烟煤、石膏。

（二）构造

阿拉善左旗地质构造，根据李四光"地质力学"理论可划分为以下 9 个构造体系。

（1）阴山纬向构造带

阿拉善左旗北部沿中蒙边境线的北纬 43°以南至北纬 39°20′以北均属该带西端。该带从巴彦淖尔盟狼山向西，穿过旗境北部，越过巴丹吉林沙漠，与额济纳旗北山相连。总体呈东西向分布，由走向近东西的低山、丘陵、平原、盆地组成。出露地层有前震旦亚界、震旦亚界、古生界、中生界、新生界；岩浆岩在各个构造运动中皆有显示，并且有一系列近东西向彼此平行展布的褶皱和断裂带、片理化带、片麻理及混合岩化线埋、磁力及重力异常带。该带于震旦亚代早期已具雏形，古生代属展阶段、晚石碳世和二迭纪末的两次强烈构造运动使其成熟定型。中生代中晚期再次活动，新生代活动微弱。

（2）贺兰山经向构造带

北起桌子山、贺兰山，南经青龙山、罗山、云雾山到甘肃太统山，长 500 余千米。东以桌子山东麓至平凉东断裂为界，西以贺兰山西侧至六盘山东麓断裂为西界。大体位于东经 105°30′~107°。该带生成于晚元古代早期，属古生代凹陷带，在寒武纪—中奥陶世为海相沉积，志留纪—泥盆纪—晚石碳世，海水先西退又东侵，凹陷带继续下降，海域扩大，直到二迭纪开始，海水向西退出，该带上升转为内陆盆地。

（3）祁、吕、贺兰山字型脊柱－贺兰褶带

北起桌子山北端，南到甘肃省平凉，东以东经 105°30′为界，西以东经 107°为界，阿拉善左旗境内有贺兰山断褶带和巴彦浩特新断陷带两个构造单元，巴彦浩特新断陷带位于贺兰山以西，锡林高勒—塔克灵一线以东，以第四系为主，局部出露第三系和白垩系。1988—1989 年，石油部地质队在锡林高勒钻探深达 3000 米，仍为中新生代的地层厚度达 800~5000 米。贺兰山断褶带为整个贺兰山体，由前震旦亚界、震旦亚界、古生界、中生界及各期岩浆岩体组成。北段有五虎山向斜、达里勃海背斜、石炭井向斜、陶斯沟、柳条沟背斜；主干断裂由王全口、乌达煤矿—王虎山—长布滩—正义关，近南北向展布。贺兰山南段的阿保梁、干沟梁、喜鹊梁、大战场、古城子分布南北向褶皱主干断裂：长流水—厢根达来—土井子—大战场呈南北向展布。

（4）新华夏系

新华夏系位于北纬 38°~48°、东经 105°~107°，包括吉兰泰—临河凹陷带和贺兰山断褶带。吉兰泰—临河凹陷带位于贺兰山与巴彦乌拉山之间，北东端延入河套地区，南西端被腾格里沙漠覆盖，凹陷带由新生代沉积物组成，厚度 2000~3000 米。在凹陷带基底具有一系列雁行排列的北东向、北西向，东西向断裂和北东向、近东西向隆起及凹陷区。贺兰山断褶带为贺兰山整体。

（5）河西系

河西系主要分布于甘肃、青海两省，阿拉善左旗出露面积很小，仅有贺兰山南段断裂带和头道湖—马三湖隐伏断裂带。贺兰山南段断裂带由一系列北西 330° 左右雁行排列的褶皱、断裂组成。头道湖—马三湖隐伏断裂带有两组隐伏断裂，一组沿北西 335°~350° 方向，近于平行排列；另一组呈北西 315°~320° 方向展布断裂。该组断裂仍在活动中，自 20 世纪 50 年代已发生弱地震 20 多次。

（6）陇西系

陇西系主要分布于陕西、甘肃、宁夏、青海四省区，为一巨型帚状构造。阿拉善左旗只有南端很小地区位于该系干塘–同心旋回褶带。

（7）卫宁区域东西向构造带

在阿拉善左旗分布于北纬 37°~38°25′，以青山—土井子—骡子山断裂带为北界，南至香山南麓，东达东经 106° 附近的贺兰山褶皱带，西入腾格里沙漠，分成南北两带。阿拉善左旗南端的构造归入卫宁北山复向斜带，即北带，包括贺兰山南段土井子—马夫峡子、卫宁北山、通湖山、黑山等地，出露地层以古生界为主，有北屋子梁向斜、甜水井向斜、骆驼山—碱沟山背斜、麦垛山向斜、青羊山向斜、棺材山向斜、照壁山断裂、卫宁北山南麓断裂、黄河东西向隐伏断裂、土井子—骡子山断裂带、褶皱，断裂均呈东西走向。

（8）阿拉善区域南北向构造带

该带分布于东经 102°~107°，南以克什廷敖包—松山高勒断裂为界，北以乌仁图雅—阿勒上丹—塔塔拉断裂为界，包括迭布斯格、包洛项乌拉、牙马图、托雷乌拉、毕其格台、达布苏山、雅布赖山、马三湖等地。断裂以冲断裂群为主，走向近于南北，褶皱不发育。

（9）阿拉善弧形构造带

分布于东经 95°~110°、北纬 38°~41°38′。东起河套，经阿拉善左旗中北部、河西走廊的龙首山、合黎山，西至北山地区，东西长 1300 千米，南北宽 320 千米，形态好似山字形构造前弧和反射弧。该带是由近于平行分布的北东向、东西向、北西向褶皱、冲断裂、挤压带、盆地、隆起地块组成，阿拉善左旗境内有迭布斯格—巴彦诺日公梁隆起带和吉兰泰—临河凹陷带两个构造单元。迭布斯格—巴彦诺日公梁隆起带东起狼山，经包洛项乌拉、罕乌拉、巴彦诺日公，穿沙漠西到雅布赖山，呈北东向展布，宽 70~80 千米；吉兰泰—临河凹陷带位于巴彦乌拉山和贺兰山之间地带，呈北东 40°~50° 展布，北与河套临河凹陷相接，南入腾格里沙漠。凹陷带为中新生代形成的断陷盆地，底部隐伏东西向隆起和断裂，分成临河、吉兰泰、腾格里三个盆地。

五、资源

（1）矿产资源

阿拉善左旗幅员辽阔、地大物博、矿种繁多，矿产资源较为丰富。已探明的矿产有 50 多种，现已探明工业储量的矿产有铁、铜、铬、镍、烟煤、无烟煤、碰硝、盐、石膏、石墨、膨润土及型砂 12 种。矿产资源是全旗工业所依赖的主要对象，其中被称为"两白一黑"的湖盐、碰硝、煤炭是旗内最具有优势和地方特色的矿种，已探明煤储量达 14.7 亿吨、盐 1.3 亿吨、芒硝 4960 万吨。

（2）水资源

阿拉善左旗地处西北内陆腹地，属亚欧大陆腹地、中温带干旱荒漠区，远离海洋，降水稀少，水资源贫乏。水资源以地下水为主，地表水较少，除过境黄河外，基本无地表径流。黄河流经阿拉善左旗的乌索图、巴彦木仁苏木，在境内流程达 85 千米，年入境流量 300 多亿立方米。额济纳河是盟内唯一的季节性内陆河流，发源于祁连山北麓，流至巴彦宝格德水闸分二支。西为木仁高勒（西河），注入嘎顺淖尔（亦称西居延海）；东为鄂木讷高勒（东河），下记分数支，注入苏泊淖尔（亦称东居延海）、京斯田淖尔（又称古居延海、天鹅湖）和沙日淖尔。额济纳河在盟境内流程 200 多千米，年流量 10 亿立方米。贺兰山、雅布赖山，龙首山等山区许多冲沟中一般有浅水，有些出露成泉。在三大沙漠中分布有大小不等的湖盆 500 多个，面积约 1.1 万平方千米，其中草地湖盆面积 1.07 万平方千米，集水湖面积 400 多平方千米。这里绿草如茵，湖水荡漾，被称为沙漠中的绿洲，是良好的牧场。

（3）能源

阿拉善左旗属风较多地区。南部东南风多，北部偏西、偏北风常见。风向除受季风影响外，也受地形和天气系统影响，致使各地年最多风向不一致，风能资源较为丰富。

（4）旅游资源

阿拉善左旗以境内山脉、沙漠、湖泊、森林、古迹为主，加之鲜明的地区特点和民族特点，构成了具有丰富内蕴和独具特色的景观。

贺兰山脉纵贯阿拉善左旗东部，主峰海拔 3556 米，为内蒙古自治区境内最高点。山阴生长着 36 万亩天然次生林，植物成分多样，是蒙古、东北、青藏高原等地区植物成分的汇集地；动物资源丰富，有马鹿、麝、岩羊、黑鹳等 20 余种国家级保护动物。具有"新、奇、险、特"的自然风光，是一座罕见的天然次森林公园，主要景点有雪岭子、毡帽山、摄云峡、兄妹峰、峭壁岩画等。

腾格里沙漠分布在阿拉善左旗西南部，海拔 1200~1400 米。其特点是沙丘、湖盆、山地、残丘及平地相互交错，沙丘占 70% 以上，多为新月形沙链，形成壮观的漠链，大小湖盘 400 多个，星罗棋布，多为淡水湖泊，湖岸芦苇摇曳，植物生长茂盛；驼羊成群，白天鹅、疣鼻天鹅、野兔等 100 余种野生动物出没于沙峰、湖盆之间。主要景点有通湖（盐硝湖）、乌兰湖、紫泥湖等。

阿拉善历史悠久，民族文化丰富多彩，风土人情绚丽多彩。西夏古塔、明代修筑的贺兰山三关长城、清代建的定远营城遗址、阿拉善王府（今阿拉善博物馆，呈列有出土文物、岩画、民族民俗实物）、延福寺、广宗寺（南寺）、福因寺（北寺）等古遗迹、古建筑。秋季举行的那达慕大会是蒙古族传统的文娱体育集会，举行摔跤、射箭、赛马的等比赛。阿拉善属典型的中温带大陆性气候，四季景色各异、风韵独具，尤以 5 月至 10 月气候宜人。民族体育活动丰富，宗教法会集中，是旅游的最佳季节。

（5）生物资源

阿拉善左旗生态动物群属温带荒漠、半荒漠动物群。旗内共有两栖类、爬行类、鸟类、兽类野生动物 180 多种，其中国家级保护动物有 20 余种。

阿拉善左旗有野生植物约 690 余种，大多数为饲用植物，尚有许多具有经济价值和药用价值的野生植物。天然林木主要分布在贺兰山，有山杨、云杉、油松、针叶林约 36 万亩；阿左旗的森林和草原还盛产蘑菇、发菜等。蘑菇品种有 40 多种，其中贺兰山紫蘑菇质量最好，是上好的佳肴珍品；发菜是一种兰藻类植物，色黑，形状细长如人发，故又名"头发菜"，是一种名贵食品，也可作药用，畅销国内外市场。

阿拉善左旗共有草场面积 52 499 平方千米，占土地总面积的 65.3%，可利用草场面积 44 996 平方千米，占草场总面积的 85.7%。全旗草场基本特征是荒漠化程度高、植被覆盖度小、产草量低且差异大，平均亩产鲜草从数公斤至 200 公斤不等。阿拉善左旗植被在地理区域上属亚非荒漠植物区阿拉善荒漠省，处在半干旱区向干旱区过渡地带。由于受降水稀少、蒸发量大、风大沙多、土壤贫瘠、地上地下水源相对缺乏且分布不均等自然条件的制约，植被具有显著的荒漠区域植被特点，表现为区系贫乏、种类稀少、结构简单、分布稀疏。形成了以旱生、超旱生、盐生和沙生的灌木、半灌木为主的建群种和优势种。

由于水热条件和地形的不同，全旗草地植被具有明显水平地带性分布规律，由东南向西北依次为荒漠草原、草原化荒漠、典型荒漠。

典型荒漠植被分布于腾格里沙漠以北、乌兰布和沙漠以西的高平原和全旗的低山丘陵地带，是全旗植被面积最大的一类，以超旱生的灌木、半灌木为建群种和优势种，并伴生一定数量的旱生灌木、半灌木。主要有红砂、绵刺、膜果麻黄、球果白刺、珍珠、梭梭等植物群落。

草原化荒漠植被是草原向典型荒漠过渡的植被亚型，介于荒漠草原植被亚型与典型荒漠植被型之间。分布于狼山余脉、罕乌拉山、巴彦乌拉山至腾格里沙漠东南缘与贺兰山之间的高平原上。植被群落主要以旱生、超旱生的灌木、半灌木为建群种和优势种，伴生一定数量的丛生小禾草和其他草本植物。主要有珍珠、红砂、垫状锦鸡儿、优若黎、沙冬青、刺叶柄棘豆、霸王、白刺等植物群落。

荒漠草原植被也是草原向典型荒漠过渡的植被亚型，介于山地草原植被型与草原化荒漠植被亚型之间。分布于贺兰山北段山地、狼山余脉和罕乌拉山海拔 1400~2000 米的石砾质山地。草原种的丛生小禾草成为建群种和优势种，荒漠成分的灌木、半灌木多为伴生种。主要有小针茅植物群落。

山地草原植被，分布于贺兰山南段，海拔 1800~2000 米地段，呈狭长带状分布。主要有西北针茅、冷蒿植物群落，山间谷地具有一定中旱生灌木和草甸草原植物成分。

亚高山针叶林植被和中低山针阔叶混交林植被及灌木植被。贺兰山中段西坡和西北坡，生长有不同的森林和灌木植被。海拔 2400~3000 米的阴坡、半阴坡分布着云杉群落，海拔 2200 米为云杉、山杨、混交林群落，海拔 1900~2200 米多为油松群落或油松、杜松、山杨、山柳混交林群落，海拔 2000~2200 米也常有灌木林群落。

山地灌丛草甸植被，分布于贺兰山海拔 3000 米以上的平缓坡地上，主要有莎草科蒿草属植物群落和中生灌木植物群落。

六、水文地质

阿拉善左旗地处西北内陆腹地，属亚欧大陆腹地、中温带干旱荒漠区，远离海洋，降水稀少，水资源贫乏。水资源以地下水为主，地表水较少，除过境黄河外，基本无地表径流，但在三大沙漠区有许多湖泊和时令湖。

黄河从宁夏回族自治区石嘴山市进入阿拉善左旗，沿乌兰布和沙漠东缘，经乌素图和巴彦木仁北下，由内蒙古自治区巴彦淖尔盟磴口县二十里柳子出境，行程 85 千米，流域面积 30.91 平方千米，多年平均过境径流量 315 亿立方米，最大年径流量 556 亿立方米（1967 年），最小年径流量 166 亿立方米（1929 年），是阿拉善左旗的重要水资源之一。阿拉善左旗境内黄河水利用潜力巨大，但由于技术经济等原因，旗内对黄河水利用很少，只是利用黄河水发展饲草料基地灌溉，已开发巴音毛道自流引黄灌区、巴彦木仁乌素图黄灌区、漫水滩、李井滩扬黄灌区等几个黄灌区，每年由黄河取水 2000 万立方米左右，占过境水量的万分之六。

山沟溪泉属阿拉善高原内陆河水系，以山脉为中分布于贺兰山及巴彦乌拉山、乌力吉山、通湖山等低山丘陵区，贺兰山沟谷溪泉最为发育。巴彦浩特地区各业用水主要源地哈拉坞沟即是贺兰山沟谷溪泉之一。

水泊、沼泽和草湖主要分布于腾格里沙漠和乌兰布和沙漠中，通称为沙漠湖盆。湖泊中以咸水湖泊居多，多分布于沙漠边缘地带，盛产盐硝碱；淡水湖泊多分布于沙漠腹地，集水面积较小，一般在 0.1 平方千米左右。湖畔芦草丛生，是沙漠中的绿洲，但无灌溉之利。

七、社会经济

阿拉善左旗辖 4 个街道、9 个镇、6 个苏木。阿左旗是全区 19 个少数民族边境旗之一，全旗总人口 14.3 万，有蒙、汉、回、满等 28 个民族，是一个以蒙古族为主体、汉族占多数的少数民族聚居地区。2019 年，阿左旗户籍人口 146 041 人，2019 年，初步核算，按不变价计算阿左旗生产总值增长 6.5%。其中：第一产业增加值增长 2.5%；第二产业增加值增长 8.9%；第三产业增加值增长 2.9%。三次产业比例为 4.1：61.3：34.6。

阿拉善双峰驼、白绒山羊、肉苁蓉、锁阳四项物种通过国家级地理商标认证。这里是世界蒙古民族传统礼仪保存最完整的地区之一，是世界文化名人——杰出的蒙藏语言大师阿旺丹德尔的故乡，是六世达赖喇嘛仓央嘉措圆寂之地，被誉为"苍天圣地阿拉善"。2008 年荣获"中国观赏石之城"称号，2009 年阿拉善沙漠国家地质公园成功晋升为世界地质公园，也是目前唯一的沙漠世界地质公园。目前已初步形成了以巴彦浩特为中心，沿黄河、沿贺兰山布局的四个工业镇、五个农业镇为核心的生产力布局。

八、优势条件

（一）区位优势

阿拉善左旗位于西北区和华北区的结合处，地处京津、呼、包、银经济带与陇兰、兰新经济带的交汇处。阿左旗除与内蒙古自治区巴彦淖尔盟、伊克昭盟接壤以外，还与宁夏、甘肃省的多个市、县相邻，北与蒙古国交界；这一区位便于阿左旗充分接受银川市区的辐射，也便于充分利用西北面相邻地区的资源、劳动力和市场。乌力吉口岸的开发与临策铁路的修建，给阿左旗的经济发展带来了更多的机遇，阿左旗的旗域地位也将迅速提升。

（二）现状对外交通优势及潜在交通优势

阿拉善左旗境内交通便利，110国道穿境而过，有三条铁路支线（乌吉线、平汝线、干武线），干线公路5条（银巴公路、乌巴公路、巴额公路、五乌公路、巴达公路），6条旗县级公路及其乡镇苏木道路。

乌吉线、平汝线、干武线等铁路支线纵横于阿左旗境内的5个苏木，共计232千米，这些铁路大都已成为阿左旗资源输出的主要通道。

阿左旗因毗邻宁夏、甘肃，形成了以银川、乌海、中卫为次中心，以巴彦浩特为中心向外发散的公路交通网络。这些公路已经成为经济发展轴，途经的苏木也都得到相应得发展，是促进阿左旗经济和社会发展的黄金通道。

正在建设中的"二纵、二横、二联、三专、七大出口"的公路网系统与临策国家一级铁路的建成，将进一步加强阿左旗与周边城市的联系，改善阿左旗交通条件和投资环境，提升阿左旗的旗域地位，推动全旗经济社会的快速发展。

（三）资源优势

1.矿产资源

旗境内煤炭资源丰富、煤种较全、煤质优良，主要分布在贺兰山西麓。煤种主要有无烟煤、气煤、焦煤、瘦煤、贫煤、肥煤等，煤炭总储量约11亿多吨。全旗已探明的大型矿区有5个，最为出名的是古拉本矿区，所产太西无烟煤质量居全国之首，已探明总地质储量3.88亿吨，远景储量可达10.49亿吨，占全盟无烟煤的99%，年产量80万~100万吨，年出口量10万吨，远销10余个国家和地区，占内蒙古自治区出口创汇总值的十分之一。

阿左旗境内盐湖星罗棋布，湖盐资源的蕴藏十分丰富，品质优良易于开发，是全旗经济建设长期依赖的主要资源支柱。全旗已探明的湖盐储量达1.23亿吨，其中吉兰泰、查干池、和屯池的湖盐闻名全国。

硭硝是阿拉善左旗优势矿种之一，其蕴藏极为丰富，总储量约1亿吨。现已探明储量的各硭硝矿床，原矿品位普遍较高，多数矿床出露地袭，覆盖很薄，极易开采。旗内除巴彦达来大型矿床外，还有吉兰泰、和屯池、查干布拉格、通湖等硭硝湖。

2. 旅游资源

森林生态旅游资源：贺兰山广宗寺（南寺）旅游区（雪岭子、毡帽山、牦牛塘、巴爵笋布尔、冰沟等）、贺兰山福因寺（北寺）旅游区（兄妹峰、日落峰等）、贺兰山国家森林公园（包括狩猎场）。

沙漠生态旅游资源：腾格里沙漠月亮湖旅游区（沙漠银池、响沙、漠链、湖泊等）、天鹅湖风景区、通湖草原旅游区（草原湿地、沙漠绿洲等）、乌兰布和沙漠（流动沙丘、梭梭林等）、吉兰泰湖盐工业旅游区、黄河风光带。

人文宗教旅游资源：中心城市——巴彦浩特（新世纪广场、王府、生态公园、王陵公园、奇石一条街、赛马场）、广宗寺、福因寺、延福寺、达力克庙、沙尔扎庙、妙华寺、承庆寺、昭化寺、红塔寺、贺兰岩画等。牧民自发组织的牧家游也吸引了部分游客。

吸引众多的国内外游客观光旅游，成为阿左旗新的经济增长点。

3. 风能资源

阿拉善左旗风能资源较为丰富。以平均风速而言，旗内风能资源最好的地区是贺兰山顶，大岭的年平均风速7.7米/秒。贺兰山低山区的宗别立，因地形的狭管效应，平均风速大于等于3.0米/秒的日数，全年在300天以上，占全年总日数的82%。巴彦毛道以北、巴彦诺日公、锡林高勒至头道湖一线，风能资源较好，平均风速大于等于30米/秒的日数，全年在270天以上，占全年总日数的74%。风能资源较差的地区，敖伦布拉格至罕乌拉山以南，平均风速大于等于3.0米/秒的日数，全年240~270天；最差的地方是巴彦浩特，平均风速大于等于3.0米/秒的日数仅165天，占全年总日数的45%。旗内风能资源最好的月份是3—5月。

丰富的风能资源为大规模风力发电提供了保证，大规模发展风力发电项目，既充分利用了阿左旗丰富的风能资源，建立清洁的生态能源产业，又缓解了蒙西电网电力供应不足的矛盾，保证地方经济的健康、快速、可持续发展。

4. 光能

阿拉善左旗位于北纬 37°~42°，系荒漠干旱地区，经常晴朗无云。大气透明度好，日照时间长、百分率高，光能资源丰富。全年日照时数 2900~3500 小时。哈日敖日布格到图克木一线以东以北地区和敖伦布拉格附近年日照时数多于 3400小时，高值区在希尼乌素达 3500 小时；腰坝及腰坝以南进贺兰山、近中卫地区年日照时数不足 2900 小时，是低值区。以吉兰泰为界，年日照时数北部多于南部。

九、不利条件和主要制约因素

阿左旗自然环境较为复杂且严酷，加之人类活动对环境的影响加剧，致使生态环境日趋脆弱，系统整体出现失衡倾向。土地退化、沙尘天气剧增、水资源短缺等不良环境影响对阿左旗城镇发展及全区经济、社会发展带来严重危害。而水资源成为制约经济社会发展和生态环境改善的重要因素。

第五节　水洞沟实习

一、地理位置

宁夏水洞沟旅游区位于宁夏回族自治区首府银川市灵武市临河镇，西距银川市 19 千米，南距灵武市 30 千米，距河东机场 11 千米，地处银川河东旅游带的核心部位，北与内蒙古鄂尔多斯市相接，是连接宁蒙旅游的纽带，占地面积 7.8平方千米。

二、地形地貌

水洞沟地处鄂尔多斯台地南缘，大自然造就的雅丹地貌，使这里充满了雄浑、奇特的荒谷神韵，经历了千万年的风沙雕蚀，这里集中了魔鬼城、卧驼岭、摩天崖、断云谷、柽柳沟等二十多处土林奇绝景观。

三、气候

水洞沟属温带大陆性气候，在全国自然区划中属温带干旱气候区。虽然深具中国西北内陆，但干旱少雨、蒸发强烈、冷热温差大、光照充足、风大沙多，冬寒长、夏热短、春暖迟、秋凉早和气象灾害较多等特点。

四、水洞沟历史上的六次挖掘

1919 年，比利时传教士肯特在途经水洞沟时，落脚在"张三小店"。肯特在水洞沟断崖上发现了一具犀牛头骨化石和一件经过人工打制的石英岩石片。在天津遇到法国地质古生物学家桑志华，并把自己在宁夏的发现告诉了桑志华。

1923 年 6 月，桑志华和著名学者德日进在结束对甘肃部分地区的考察之后来到水洞沟。在断崖边，发现了裸露在地表的哺乳动物化石。一场历时十二天的考察发掘就此展开，总共发掘出了 300 多公斤的石制品和动物化石，主要包括石核、刮削器、尖状器等旧石器。1960 年夏季，中苏古生物联合考察队开进水洞沟，对遗址进行了第二次发掘。1963 年，被称为"中国旧石器考古学之父"的裴文中亲自带队，又进行了第三次发掘。1980 年宁夏博物馆、宁夏地质局联合考古队对水洞沟的考古发掘，则是第四次。2003 年至 2007 年，数十位专家学者满怀希望又进行了新一轮的考古发掘。这次，是由宁夏文物考古研究所和中国科学院古脊椎动物与古人类研究所联合组队。这次考古，参加人数最多、历时最长、发掘范围最大，收获也最丰硕。这次，不仅调动了 GPS 定位仪、全站仪、摄像机等先进设备，而且邀请了地质学、年代学、古人类学、古环境学的专家到现场研讨、授课，其考古成果也格外引人注目。2014 年 6 月 10 日至 7 月 10 日，宁夏水洞沟遗址举行第四届文化旅游节以及第六次考古发掘。来自中科院古脊椎动物与古人类研究所和宁夏考古所的专家，对水洞沟遗址进行考古发掘。

水洞沟发现后，史前考古大家裴文中、贾兰坡，中科院院士刘东生等知名专家都曾前来发掘或考察，美国、韩国、法国、日本、俄罗斯等国家的专家也都曾远道而来。

（一）遗址博物馆

水洞沟遗址博物院，它的外形仿水洞沟出土的名为石核的石器建造而成，建筑面积 4308 平方米，水洞沟遗址博物院以雕塑、展板、投影、文物展出以及讲解的形式，可以了解人类进化的起源、水洞沟文化的兴起以及水洞沟遗址五次考古发掘的过程与成果，同时，还有 12 分钟的动态演出，让游客实景体验三万年前原始人生产、生活以及面临山洪暴发、山崩地裂的灾难时被迫迁徙的场景。

（二）实景体验疯狂原始人

实景体验馆将高科技、艺术性、文学性等元素融合，使万年的时光和历史场景倒流，让游客亲眼见证远古水洞沟从植被繁茂、动物成群，到气候变迁、环境恶化，水洞沟人不得不远走他乡的过程。亲身体验 3 万年前远古祖先的采集、打猎、祭祀、恋爱以及围着篝火烤食猎物，载歌载舞的生产生活场景，以及暴雨、洪水、地震等灾难来临时的震撼场景。通过高科技逼真的还原演绎，带游客穿越 3 万年的时空距离。

（三）张三小店

1923 年，当一阵悠扬的驼铃声从远处渐渐传来时，有家名叫张三小店的车马店主人知道一定是有客人从远方来了。于是，主人张三和妻子早早站在门口迎接，来者是两位黄发蓝眼的外国人，后来张三夫妇才知道他们正是法国古生物学家德日进和桑志华，他们这次是从天津出发沿黄河沿岸进行考察，在途经水洞沟时由于天色已晚就住进了张三小店。

院内陈列着四尊雕像，他们分别是法国古生物学家德日进、桑志华，中国考古学家裴文中和贾兰坡先生。这几位都是对水洞沟的考古发掘作出过巨大贡献的杰出人士。

（四）水洞沟村

古老的水洞沟村是由北方的先民们创造了窑洞式和地穴式的居室方式。这种居室往往是建在黄土层较厚的山坡或沟岸上，具有冬暖夏凉的特点。水洞沟人在此基础上改进了这种居住方式，发展成一种半地穴式建筑形式。其方法是在黄土坡上先挖出一定深度的地穴，然后在地穴四壁确定为墙壁的地基上，用土坯垒墙，使之达到一定高度，再以桁条，木椽搭顶，复以柴草，柴草上面糊以泥土，防止漏水。水洞沟村就是这样一个古老的半地穴式的聚集村落遗址，我国西北地区群众习称其为"地窝子"。水洞沟村聚落共有 29 处地穴式建筑遗址，选择了其中的一些进行了恢复，能够直观地了解先民们的居住形式。

（五）芦花谷芦花谷

水洞沟旅游区有三千米长的芦花谷，芦花谷内芦苇摇曳生姿，走在其间的小路上，陶醉在那苇荡丛中，此刻心情一片宁静。湖泊面积近 30 万平方米，其中鸳鸯湖上修有原生态木桥 4 座，凉亭两处。湖面上、芦苇丛中百鸟翔集，碧绿的湖水、清脆的鸟鸣构成唯美的画面。红山湖内绿波荡漾，游船往来，水岸长城，难得一见，在游船上观赏雄伟的古长城，别有一番情趣。当游客还没有从土林景观的童话世界中走出的时候，下船登上码头，又掉入了一个世外桃源内，那就是景区内的沙枣湾。沙枣湾里沙枣树丛生，六七月份沙枣花开的时候，那一阵阵的清香又让游客流连忘返。

（六）明长城

水洞沟遗址旅游区内明代军事立体防御体系区是由明长城、藏兵洞、边沟、大峡谷、红山堡、瓮城等共同构成的。旅游区的明长城为土夯长城，是宁夏境内相对保存最完整的一段长城遗址。明长城西至入黄河巨龙的长城小龙头称为两龙交汇处，东至盐池境内。站在长城上放眼眺望，北边的毛乌素沙漠，南边的水洞沟景区地貌尽收眼底。

（七）水洞沟长城观景台

水洞沟长城观景台是一座一脚跨两省的长城观景台。在水洞沟旅游区游客可以闲庭信步于明长城脚下，或者登上新修建的长城观景台，一脚跨两省，站在长城上放眼眺望，北边的毛乌素沙漠，是浓厚西北大漠风貌；而在南边的水洞沟，湖泊湿地、高峡平湖尽显江南秀色，给游客别样的体验。水洞沟长城观景台，是览水洞沟大峡谷和芦花谷美景的最佳观赏地。站在观景台上，沟壑纵横，地形独特的土林景观仿佛就在脚下，跌宕逶迤直达峡谷深处。整片翠绿的芦苇荡随风摆荡，风景蔚为壮观；时而野鸽飞翔，红嘴鸭叫声四起，泉水潺潺发出声响，汇集成溪。

（八）红山湖

登上坝顶，游客眼前呈现的是"高峡出平湖"的又一奇特景观，这片湖面因位于红山地区，所以名为"红山湖"。"红山湖"也是蓄积边沟之水而成的，丰水期，湖面可于峡谷中向东延伸2千米多，上空常有鹰鹤翱翔，水面上时有鸳鸯、野鸭游弋，山中野草青青，景色非常优美。

乘船荡漾的红山湖中，可以观看水岸长城，体验人与水鸟和谐共处；长城、断崖倒映水中；蓝天白云，映于水底的别样番情趣。这种天人合一、历史文化和当今生态有机结合的塞上江南景观，实是不可多得，真可谓"舟行碧波上，人在画中游"。

（九）大峡谷

从水洞沟到红山堡之间，有长约4千米的峡谷，本是大自然的"杰作"，但明代时，这又成了长城"深沟高垒"防御体系的重要组成部分。峡谷两岸经常年的风雨剥蚀，沟壑纵横，深厚的黄土经长期的雨水冲刷，土柱突兀壁立，造型奇特，形成了"土林"。"土林"又经大自然鬼斧神工雕琢般地形成千奇百怪的形像。有的像僧人登高远眺，似在期待来者；有的宛如一对恋人，相亲相依；有的如夫妻相敬，双方对拜，林林总总，各具形态，给人以无尽的遐想。在峡谷的两边的崖壁上有明代将士修建的藏兵洞，它充分显示了古代人民的军事智慧。

（十）藏兵洞

在峡谷两侧悬崖上的一个个黑洞，就是著名的"藏兵洞"，所谓藏兵洞，是红山堡守军由地上转入地下，隐蔽军队，保护自己，伺机出击，或在空旷处设伏兵的地道。这在我国是保存较为完整的古代立体军事防御体系。在我国的长城防御体系中，把长城、城堡和地下藏兵洞紧密联系在一起的防御系统，全国这是独一处。奇特的藏兵洞高出沟底 10 多米，蜿蜒曲折于悬壁之上中，上下相通，左右相连，洞中分叉路口颇多，左右盘旋，犹如迷宫久久不见尽头。洞内辟有居室、粮食储藏室、水井、灶台、兵器库、火药库、炮台、陷阱、暗器孔道等设施。

第六节　六盘山实习

一、地理位置

六盘山，是中国最年轻的山脉之一。有广义和狭义之分，广义的六盘山在宁夏回族自治区西南部、甘肃省东部。南段称陇山，南延至陕西省西端宝鸡以北。横贯陕甘宁三省区，既是关中平原的天然屏障，又是北方重要的分水岭，黄河水系的泾河、清水河、葫芦河均发源于此。狭义的六盘山为六盘山脉的第二高峰，位于固原原州区境内，海拔 2928 米。六盘山地处宁夏南部的黄土高原之上，呈东南—西北走向，平均海拔比贺兰山还要高，在 2500 米以上，最高峰是位于和尚铺以南的美高山，俗称米缸山，海拔 2942 米，山势高峻。六盘山是一个狭长山脉，是渭河与泾河的分水岭。山路曲折险狭，须经六重盘道才能到达顶峰，因此得名。山地东坡陡峭，西坡和缓。六盘山历来就有"山高太华三千丈，险居秦关二百重"之誉，在长期内外应力作用下，形成了强烈切割的中山地貌，海拔高，相对高度达 400 米以上。其中，凉殿峡相对高度达 500 余米，峡谷处悬崖峭壁极为险峻。同时，这些地势特征造成峡谷中溪流交错，水流每到陡落处便会飞泻成瀑或落地成潭，形成潭、瀑、泉、涧，溪等多种水体景观。

二、地质演化史

六盘山地区位于宁夏南部，地层区划属秦祁昆地层区祁连—北秦岭地层分区。侏罗纪末的早期燕山运动使六盘山地区抬升遭受短暂的剥蚀后，至早白垩纪盆地开始凹陷下沉，接受了凹陷型内陆湖泊相沉积。白垩纪六盘山群地层发育良好，层序完整，其地质时代为早白垩世，属内陆湖泊（凹陷盆地）沉积体系，发育冲积扇相、河流相、湖泊相及咸化湖相。岩石地层序列自下而上由三桥组、和尚铺组、李洼峡组、马东山组、乃家河组构成。各时期的沉积相及沉积环境反映了当时的构造古地理环境，其垂向叠加反映了这一时期的地史演化特征。

白垩纪初期（三桥期）以陆相冲积扇主，早期（和尚铺期—李洼峡期）发育了河流相 - 滨浅湖相沉积，气候由干热逐渐转向温湿；中期（马东山期）湖泊发育到鼎盛时期，此时湖水最深，湖面最广，发育半深湖 - 深湖相沉积；晚期（乃家河期）为湖泊衰亡期，发育半深湖相 - 咸化湖泊相沉积。乃家河期末，晚期燕山运动使盆地抬升，湖泊迅速消亡，结束了早白垩世六盘山盆地的沉积演化历史。

（一）三桥组沉积相

三桥组以粗碎屑岩为主体，具冲积扇亚相沉积特征，可细分为扇根和扇端亚相。

1. 扇根亚相

三桥组主体属扇根亚相沉积。组成岩性较为单一，为灰、深灰色块状粗 - 中砾岩、灰色厚层 - 巨厚层状粗砾岩、紫红色块状 - 厚层状巨砾岩、巨 - 粗砾岩及粗砾岩。砾石杂乱排列，无定向性，局部略具叠瓦状排列，有时显示正粒序层，砾岩呈杂基支撑、基地式胶结类型，为白云质、钙质胶结。

2. 扇端亚相

主要由紫红色中 - 细砾岩、含砾长石石英砂岩夹少量粉砂质泥岩组成。砾岩特征与扇根亚相砾岩相似，只是粒度细一些；长石石英砂岩多呈透镜状，时含细砾，发育平行层理、大型板状斜层理。

（二）和尚铺组沉积相

和尚铺组由砂岩及少量砾岩、泥（页）岩组成，具有辫状河亚相沉积特征，据岩石组合特征、沉积构造可细分为辫状河道亚相、心滩亚相和辫状河道间亚相。

1.辫状河道亚相

主要发育于和尚铺组下部和中部。由灰、深灰、紫红色厚－巨厚层砂砾岩、中－粗砾岩及细砾岩构成。砾岩常呈透镜状，发育底蚀构造，砾石呈叠瓦状排列。

2.心滩亚相

主要发育于和尚铺组上部，由紫红色长石石英砂岩组成，发育平行层理，大型交错层理。

3.辫状河道间亚相

由紫红色粉砂质泥岩、粉砂岩组成，发育水平层理、沙纹层理。

（三）李洼峡组沉积相

李洼峡组属滨浅湖环境沉积，其岩性由兰灰、浅黄灰、灰紫、紫红色泥岩和浅灰、浅黄灰色中层状灰岩、砾屑灰岩、砂屑灰岩、微晶灰岩及少量灰色中层状粉砂岩、细砂岩组成。泥岩一般不显层理呈块状层，有时略显水平层理而显示页理，含植物、叶肢介化石；细－粉砂岩常呈中－薄层夹于泥岩中，发育水平层理、沙纹层理，层面具对称的、不对称的及不规则的小型波痕，含植物碎片；鲕粒灰岩、砾屑灰岩、砂屑灰岩、微晶灰岩一般呈薄－中厚层状，具水平层理、微波状层理，含植物、叶肢介、介形虫化石。

（四）马东山组沉积相

马东山组属半深湖－深湖环境沉积，其岩性以灰绿－兰灰色泥岩、页岩为主，夹灰－深灰色薄－中厚层砂屑灰岩、鲕粒灰岩、微晶灰岩、泥灰岩，偶夹有粉砂岩、细砂岩、油页岩。碳酸盐岩呈薄－中厚层状，多具水平纹层、微波状层理，顶面平直，底面凹凸不平，发育结核状构造；泥岩一般呈块状构造，具球状风化，含植物碎片；页岩较少，页理不甚发育；粉砂岩、细砂岩发育水平层理、沙纹层理、小型槽状交错层理，含植物碎片。

（五）乃家河组沉积相

乃家河组属半深湖—咸化湖泊环境沉积。其主体岩性为浅灰、浅灰绿、浅黄绿、浅兰灰色泥（页）岩、钙质泥岩和浅灰－深灰色泥灰岩、鲕粒灰岩、砂屑岩、砂质灰岩，偶夹细－粉砂岩，在红阳－硝口一带上部发育膏岩及盐岩沉积。泥岩、粉砂质泥岩多呈块状层，有时略显水平层理；粉砂岩、细砂岩呈中－薄层夹于泥岩、粉砂质泥岩中，发育水平层理、沙纹层理；碳酸盐岩主要为鲕粒灰岩、砾屑灰岩、砂屑灰岩、泥灰岩，呈中厚－薄层状，顶面平直，底面具波状，有时发育水平层理。石膏岩为厚层－块状，泥质含量高，时呈角砾状；页岩具水平层理，含植物、昆虫化石。

三、气候特点

六盘山历来有"春去秋来无盛夏"之说，气候属中温带半湿润向半干旱过渡带，具有大陆性和海洋季风边缘气候特点，春低温少雨，夏短暂多雹，秋阴涝霜早，冬严寒绵长。六盘山区光热资源较少，年日照时数 2200~2400 小时，年均温 5~6℃，有"春来秋去无盛夏"之说。据海拔 2840 米的高山气象站资料，年均温仅 1℃，年降水量达 677 毫米，是黄土高原中的"湿岛"。

四、水文特点

六盘山是中国西部泾河、清水河、葫芦河的发源地，发源于山地北侧的清水河向北流注黄河，流域面积 8499.6 平方千米，年平均径流量 1.65 亿立方米。东侧为泾河上游，流域面积约 45 400 平方千米，西南侧诸水汇入葫芦河，再入渭河。其独特的地理位置和巨大的生态功能对贫瘠干旱的宁夏南部山区的广阔地域环境起着十分重要的湿润调解作用。

五、自然资源

六盘山国家森林公园是中国西部黄土高原上重要的水源涵养林基地和风景名胜区，良好的生态环境、富集的动植物与昆虫资源和积淀深厚的历史文化底蕴使之被称为黄土高原上的"绿色明珠"和清凉胜境。金钱豹、林麝、金雕、红腹锦鸡等 30 多种国家珍稀动物都有分布。

（1）植物

六盘山植被类型，既有水平地带性的森林、草原，又有山地植被垂直带谱中出现的低山草甸草原、阔叶混交林、针阔混交林、阔叶矮林等组成的垂直植被景观。

六盘山仅宁夏境内就有高等植物 788 种，有林 3.1 万公顷。其中乔木林 2.6 万公顷，森林覆盖率 46%，木材蓄积量 122 万立方米，主要分布于海拔 1900~2600 米阴坡，以次生的落叶阔叶林为主，间有少量针、阔混交林。主要树种有山杨、桦、辽东栎、混生椴、槭、山柳、华山松等，林下多箭竹、川榛及多种灌木，发育山地灰褐土。在林带以下和 2200 米以下阳坡为草甸草原和干草原；2200 米以上阳坡和 2600 米以上阴坡为杂类草草甸，发育山地草甸土，是大牲畜良好牧场。野生生物资源丰富，仅药用植物即有 600 余种，党参、黄芪、贝母、桃儿七等药材畅销全国。

（2）动物

六盘山还是一座天然的动物园，其中属国家一类保护的动物有金钱豹、金雕，二类保护的动物有林麝、红腹锦鸡、勺鸡等。脊椎动物约有 200 种，其中兽类有金钱豹、林麝等 38 种。鸟类有金雕、红腹锦鸡等 147 种，昆虫资源 17 目 123 科 905 种，其中有珍贵稀有的金蝠蛾、丝粉蝶、黑凤蝶、波纹水蜡蛾等。山区盛产蜂蜜。山谷、坡地有黄土之处多已垦为农田。六盘山林区已划为水源涵养林及约 2.7 万公顷的自然保护区。1988 年六盘山自然保护区已划为国家级自然保护区。

六盘山为了有效保护野生动物，每年都开展"放飞鸟类""制作鸟巢""救助受伤野生动物"等一些活动。自 1995 年以来，累计放生野生动物 3000 只（头）。山区对残害野生动物的不法行为予以严厉打击。绝迹多年的国家一级保护动物金钱豹，不时地在宁夏六盘山野生动物保护区内出现；伴随着六盘山国家森林公园的建立，一些多年少见的野生动物数量也有了明显增加。

（3）矿产

已探明六盘山的矿产资源有五大类 16 种 40 多处，六盘山盆地约有近 5 亿立方油气储量。白垩纪晚期在六盘山盆地沉积了盐类矿产。同时还有铜、金、铅、锌、芒硝矿、岩盐等矿产资源。

六、旅游资源

六盘山的森林生态系统、回乡风情、历史文化、近代史上的红军长征纪念地等多种旅游地构成了六盘山"清凉世界""丝路古道""回族之乡""红色之旅"这四种引人注目的旅游品牌。2008 年以来已经开发了生态观光、消夏避暑、森林探险、丝路访古、回乡探秘、重走长征路、科普考察、教学实习和农家乐自助游等多种旅游线路和项目。

六盘山是古丝绸之路东段北道必经之地，是历代兵家屯兵用武的要塞重镇，也是北方游牧文化与中原文化的结合部，古代多民族在这里聚居。文化遗存具有"古""贵""多"的特点。

六盘山地区广泛流传着具有民族和地方特色的传说和故事，如"魏征梦斩泾河老龙""柳毅传书"等。

（1）"魏征梦斩泾河老龙"

贞观年间，唐都长安连年旱灾，赤地千里，黎民百姓天天逐魃求雨，就是盼不到一星半点雨水。有一个叫鬼谷子仙师的人算定第二天午时三刻有雨，城内三点，城外七点。掌雨的金角老龙不信，与鬼谷子仙师打赌，他回府打开风雨簿查看，次日果真有雨，簿上写得清清楚楚：辰时布云，巳时行雷，午时下雨，未时雨停。雨点与鬼谷子仙师所说一点不差。于是私自篡改雨簿，把城内三点改为七点，城外七点改为三点。结果，城内普降暴雨，淹死许多黎民百姓，城外却只落三点，田地依然干旱，禾苗枯死，庄稼颗粒无收。有一个忠臣把这件事奏闻玉帝，玉帝大怒，降旨将金角老龙斩首示众。金角老龙情知不妙！极为恐惧，立即进宫乞求唐皇李世民保命，李世民念其是开国元勋，恩准免去死罪。第二天李世民设计请执行监斩的魏征丞相进宫下棋，行刑时刻已到，魏征无计脱身，末了，伏案酣睡，梦斩金角老龙。

（2）"柳毅传书"

柳毅传书叙述：秀才柳毅赴京应试，途经泾河畔，见一牧羊女悲啼，询知为洞庭龙女三娘，遣嫁泾河小龙，遭受虐待，乃仗义为三娘传送家书，入海会见洞庭龙王。洞庭龙王惊悉女儿被囚，赶奔泾河，杀死泾河小龙，救回龙女。三娘得救后，深感柳毅传书之义，请洞庭龙王作伐求配。柳毅为避施恩图报之嫌，拒婚而归。三娘矢志不渝，偕其父洞庭龙王化身渔家父女同柳家邻里相处，与柳毅感情日笃，遂以真情相告。柳毅难辞，遂订齐眉之约，结为伉俪。

（3）《清平乐·六盘山》

六盘山是1935年毛泽东主席率领中国工农红军长征时翻越的最后一座大山，毛泽东一首《清平乐·六盘山》，使之名扬海内外；将台堡记录了中国工农红军一、二方面军胜利会师的场面，标志着万里长征的胜利结束；单家集作为毛主席率领红军驻扎和在回族地区开展革命工作及组织成立第一个回族红色政权"单家集回民自治政府"的地方。

七、主要实习点

（1）六盘山国家森林公园

六盘山国家森林公园位于西安、银川、兰州市所形成的三角中心地带，地处宁夏南部，横跨宁夏泾源、隆德、原州区两县一区，总面积6.78万公顷，森林覆盖率达80%以上，年平均气温5.8 ℃，年降水量676毫米，年平均相对湿度60%~70%，是西北重要的水源涵养林基地。这里是中原农耕文化和北方游牧文化的结合部。

六盘山国家森林公园旅游区的自然景观汇集了宁夏乃至西北地区生态旅游之精华。野荷谷、二龙河、鬼门关、凉殿峡、小南川、白云山、六盘山红军长征纪念馆七大景区 60 多个景点，景观容纳了中山峡谷、泉溪瀑布、气候天象、森林植物、野生动物、历史文化、民俗风情等多种景源，山光水色雄、奇、俊、秀，各有独特意境，成为休闲旅游、消夏避暑、森林探险、科普科考的理想场所。

（2）老龙潭

六盘山老龙潭位于六盘山主脉东麓，泾河上游泾源县西南 20 千米。清人胡纪漠公元 1790 年奉命勘察泾水源头，在他的《泾水真源记》中赋诗曰："无数飞泉大小珠，老龙潭底出贮冰壶。汪洋千里无尘滓，不到高陵不受污。"

老龙潭由四个潭组成，现水库大坝下游为一、二潭，是一段深峡危崖急流深潭。三潭现被水库淹没，蓄水 40 多万立方米，潭水平静，有"高峡平湖"之美称，水库上游四潭为龙潭的门户。

（3）红军长征纪念亭

纪念亭位于宁夏回族自治区隆德县境内、312 国道边、六盘山主峰旁，纪念亭居海拔 2900 米处，依山坡而建，由平台广场、浮雕、亭阁三部分组成。平台广场上毛泽东书写的"六盘山"，向上有描绘当年毛泽东率领红军翻越六盘山的大型浮雕。山顶亭阁为中国传统飞檐式琉璃瓦结构。正面亭沿下的栏柱中的大理石石匾上面镌刻着胡耀邦题写的"长征纪念亭"。亭子中间立着一块长 5 米、宽 3 米的黑白色纪念碑，正面雕刻着毛泽东《清平乐·六盘山》手迹，背面雕刻着宁夏回族自治区党委和自治区人民政府撰写的碑文。

（4）小南川

小南川是一个纯自然的景区，这里以秀美的人工针叶林、茂密的天然次生林和跌宕起伏、清澈透亮的泉溪瀑布为主要特征。景区入口处是郁郁挺拔的人工针叶林。景区内有悬崖峭壁上刚劲有力的华山松、身躯挺拔的白桦、外表鲜艳的红桦，以及众多的天然树种，每当深秋，整个山体五颜六色，就像一幅水彩画。落叶松的金黄、华山松的翠绿、桦树的白里透红、辽东栎叶子的颜色简直就是一幅水彩画，鲜艳诱人。置身于此，会让人浮想联翩，尽情体验大自然的鬼斧神工。小南川的美不仅仅是变化多样的森林景观，更让人迷恋忘返的就是清澈见底、跌宕起伏的流泉瀑布。

第三章　陕西省、四川省野外实习

陕西省与四川省毗邻，本章主要介绍了陕西省的概况、在陕西省西安市实习的理论与实践和在四川省峨眉山、都江堰和乐山大佛的实习状况，通过介绍，可以更加深入地了解该地区地理科学专业实习。

第一节　陕西省实习内容

一、省情

陕西省（以下简称"陕西"）地处中国内陆腹地，位于东经105°29′~111°15′，北纬31°42′~39°35′。东面隔黄河与山西省相望，东南与河南、湖北省接壤，南临四川省与重庆市，西接甘肃省，西北隔毗连宁夏回族自治区，北接内蒙古自治区。全境南北长约870千米，东西宽约200~500千米，土地总面积20.56万平方千米，占全国总面积2.1%。据2000年第五次全国人口普查资料，全省人口3605万人。

陕西是中华民族定居最早的地区之一。从西周开始，秦、西汉、新莽、西晋、前赵、后秦、西魏、北周、隋、唐等13个王朝，都在陕西建都，历时长达1100多年。西周初年，把陕原（今河南三门峡市西南）以西的广大地区称陕西。至清朝始设陕西省，简称"陕西"。又因其中部为春秋战国时秦国所在地，故也简称"秦"。革命圣地延安就坐落在陕西省。1936—1948年的13个春秋，延安曾是中共中央的所在地，陕西省曾经是中国人民解放斗争的总后方，在艰苦卓绝的抗日战争和解放战争中发挥了重要的作用。截止2020年年底，全省设西安、铜川、宝鸡、咸阳、渭南、汉中、延安、榆林、商洛、安康10个地级市和杨凌一个农业示范区，有3个县级市、81个县和23个市辖区，省会西安是西北地区最大的城市与国际历史文化名城和古代丝绸之路的起点。这里环境优越，历史文化悠久，经济繁荣，从汉朝起，就已与世界各国进行经济、文化交流，是开发大西北东联西进的桥头堡。在西部对外开发中初步形成了机械、电子、旅游等优势体系，随着经济的腾飞和旅游业的发展，西安已成为我国西北地区同世界各国交流的中心。

二、自然地理概况

陕西省自然地理条件复杂，差异较大。地形总的趋势是南北高，中间低，并由西向东倾斜，分为陕北黄土高原、关中渭河平原和陕南秦巴山地三个不同的区域。陕北黄土高原堆积了第四系厚层黄土，由于岩性松软，流水侵蚀强烈。地面高程1200~1700米。毛乌素沙漠地势平坦，海拔1200~1400米，由风沙、滩地和湖泊组成。中部关中渭河平原为断陷盆地，渭河自西向东注入黄河。河谷两侧呈阶梯状高起，平均海拔359~800米。骊山屹立于其中，主峰仁宗庙海拔1300米。南部山地由陇山、秦岭、大巴山组成，地形起伏较大，山势崎峻。秦岭主峰太白山八仙台海拔3767米，汉江横贯秦岭与大巴山之间，主要盆地有汉中和安康盆地，谷底高程166.7~600米。全省因地理位置、地形起伏与受大气环流影响，具有明显的大陆性季风气候、冬夏风向变化显著、气温年较差大和降水不均的特点。冬季大陆内部受高压控制，西伯利亚冷空气由高压区向太平洋区流动，形成强劲的西北季风，气候寒冷而干燥。夏季大陆内部因太阳直射而强烈增温，形成低压中心，吸引太平洋、印度洋上空湿润空气流向内陆，形成东南和偏东季风，降水量明显增多，气候温暖而湿润。又因受秦岭阻挡而形成了陕北温带干旱气候，关中暖温带半干旱气候，陕南亚热带湿润半湿润气候。同时，气温、降水、蒸发、日照、霜降等气候要素，都存在着南北、东西和垂直方向上变化的规律。年平均气温5.9~15.7 ℃，自南而北随纬度增高而递减。年平均降水量为666.9毫米，由南而北递减，降水主要集中在6—9月，占全年降水量的60%~72%，因多暴雨和连阴雨，为泥石流等山地灾害形成的重要因素之一。蒸发与降水的分布规律相反，由南向北递增。无霜期陕北最短，151~195天，关中200~220天，汉中盆地240~269天。日照时数以陕北最长。河流水系以秦岭为界，分属黄河和长江两大流域水系。秦岭以北为黄河流域水系，有河流2524条，流域面积占全省总面积的64.8%。秦岭以南为长江流域水系，有河流1772条，流域面积占总面积的35.2%。内流水系分布于毛乌素沙漠区。流经本省或发源于本省注入黄河的较大支流有窟野河、秃尾河、清涧河、延河、云岩河、仕望河、渭河和南洛河等。渭河北岸的支流有金陵河、千河、漆水河、泾河等。这些河流多发源于黄土高原，源远流长，比降小，含沙量大。渭河南岸较大的支流有黑河、沣河、灞河等，均发源于秦岭北坡，这些河流源短流急，谷狭坡陡，水流清澈，含沙量小，故形成了渭河不对称水系特征。秦岭的南坡是长江支流汉江与嘉陵江的上游与发源地。

汉江自西向东流经秦岭与巴山之间，于白河县城以东流入湖北省境内，长江流域的河流水量充沛，水流湍急，多峡谷瀑布，含沙量少，水质良好。

第二节　西安市实习

一、西安市概况

西安市（以下简称"西安"）位于陕西省关中原中部的渭河两岸，南倚秦岭山脉，北靠渭北荆山黄土台塬，东起零河和灞源山地，西到黑河以西的太白山地和青化黄土台塬。西安市东西长约 204 千米，南北最大宽度为 100 千米，辖未央、莲湖、新城，碑林，雁塔、灞桥、阎良长安、临潼九个区和蓝田、高陵、户县、周至四县，2018 年面积 10 752 平方千米。人口 1000.37 万，是我国特大城市之一。从全国来看，西安位于我国腹地的中心地带，历史上曾是全国政治、经济、文化和交通的中心，"丝绸之路"的起点，东方贸易的大都会。今天的西安是西北最大的城市，西部大开发的桥头堡，科技、文教、旅游、商贸发达。对外交通便利，有数十条通往国际和国内主要城市的航班，陇海铁路横贯东西，包头经西安至昆明、贵阳的铁路已经连通，使西安成为西部铁路的枢纽。西安市位居关中平原中部，"襟山带水"，联络西北、西南、华北、中南以至华东区的重要地理位置，成为古今西安地区的繁荣和大城市发展的有利条件。

二、西安市地质地貌

西安地处关中平原和秦岭北坡，有渭河、泾河，灞河、产河、黑河等河流，形成广阔的冲积平原，为关中平原精华之所在。地质上也将关中平原称为关中断陷盆地，介于秦岭和陕北黄土高原之间，为一个三面环山向东敞开的盆地，地势西高东低，海拔一般 325~900 米，东西长 300 余千米，南北宽度不一，西安以东宽处达 100 千米左右，西至宝鸡逐渐闭合为峡谷，渭河纵贯其间。关中盆地在构造上是一新生代凹陷，基底构造复杂，具有南深北浅的特点。第三纪末受断裂构造运动影响，形成了许多阶梯状不对称的断块，这些断块所构成的隆起和断陷，不仅对以后地层的岩性、厚度具有控制作用，也为现代地貌形成奠定了基础。隆起区往往是黄土台塬和断块山。沿渭河冲积平原两侧，分布有面积广阔的黄土台塬，约占总面积的 1/2。黄土台塬是黄土堆积在断块平台之上的一种特殊黄土地貌单元，分布在关中盆地南北两侧。台塬受渭河两岸支流的分割，形成大小不等的塬块，各地区都有着不同的命名。黄土台塬高边坡，是发生大型滑坡与滑坡泥石流的有利条件。根据黄土台塬高程、形态、组成物质及下伏基底构造，通常划分为两级黄土台塬。在市区以南的长安和蓝田县分布的黄土台原，地势高亢，原面宽坦，海拔 450~850 米，有名的有蓝田北部的横岭塬、灞河与产河之间的白鹿塬、产河与谲河之间的少陵塬等。蓝田猿人就生活在秦岭北麓的黄土台塬区；西安以北的黄土台塬十分广阔平坦，连续分布，海拔 600~800 米，与平原以断层陡坎接触，表面组成物质为晚更新世黄土；有名的断块山是骊山；凹陷地区则是河谷平原或山前洪积扇；市区主要位于渭河二级阶地。

关中平原的四周为山地所环绕。它的南面是著名的秦岭山脉。秦峰是古老的褶皱山脉，西安市占有北秦岭加里东褶皱带，以太古界和元古界变质岩系及燕山期花岗岩为主，第三纪末和第四纪以来不断抬升，山峰耸立，沟谷深切，平均海拔在 2000 米以上，为我国地理上南方和北方的重要分界线。秦岭从周至以东到蓝田以西的一段为终南山，又名"南山"，它像屏障一般，屹立在西安的南部边境，重峦叠嶂，苍翠无际，秦岭从山麓的暖温带落叶阔叶林到山顶的亚寒带高山灌木草地等各种类型的自然地理景观带发育良好，森林山货特产和矿藏资源丰富。古代西安城及关中地区所用木材，薪炭多取于此，唐白居易的著名诗篇《卖炭翁》里就有"卖炭翁，伐薪烧炭南山中"的描述。骊山、翠华山、南五台和太白山等都是西安一带的名山，其中太白山海拔 3767 米，是陕西秦岭的最高峰，也是我国大陆东经 105° 以东的最高峰，原始森林茂密，珍禽异兽也多，为陕西省重点自然保护区，骊山断块突起，北麓温泉涌溢，华清池景色如画，它们都是全国重点自然风景名胜旅游区。

关中平原的北面，大致东起韩城东北面黄河岸上的禹门口，西止渭河宝鸡，是一条山岭逶迤连绵，由梁山、黄龙山、尧山、将军山、药王山、嵯峨山、五峰山、岐山、陇山等组成的北山山系。这些山地或为低山，或为丘陵，多在海拔800~1500 米，比秦岭略低。但北山地区石灰岩分布广，山峰陡峭突兀、气势磅薄、煤炭、水泥和石灰岩建筑材料异常丰富。特别是煤炭资源，有渭北"黑腰带'之称。北山山系与秦岭遥遥相对，构成了关中平原的天然屏樟。与平原均以正断层相接，两侧上升，中间下降形成有名的渭河地堑构造，此关中平原为渭河断陷盆地之来源也。

三、西安市气候与植被

西安属暖温带半湿润季风气候，四季分明，雨量 550~700 毫米，降水集中于夏秋，夏季酷热，冬季干燥少雨。自然植被类型可分为针叶林、落叶阔叶林、针阔叶混交林、高山灌丛、高山草甸。实习所见的针叶林包括下列群系：侧柏群系分布于秦岭北坡 780~1100 米的南五台、骊山、太白山等处。巴山冷杉群系分布于长安县麦秸磊海拔 2500~2800 米处，在太白山分布于 2300~3200 米。群落所在地土壤为山地灰色暗棕壤，林地潮湿，腐殖层较厚，群落为纯林，外貌暗绿，郁闭度 0.6~0.8，树冠开展，林相整齐。太白落叶松群系分布于秦岭海拔 2700~3400 米，如太白山、麦秸磊飞户县的光头山等地均有分布。群落所在地基岩裸露，土壤为山地灰化暗棕壤，土层薄。

实习所见的落叶阔叶林包括：拴皮栎群系见于秦岭北坡海拔 780~1300 米，如南五台、楼观台以及太白山北坡等地。林地土壤为山地褐色土，土层较厚，湿度条件好，有机质较丰富，由于人为活动频繁，目前多为萌生幼年林，常为纯林，郁闭度 0.6~0.8。锐齿栎群系分布于秦岭北坡海拔 1200~1900 米，如南五台、太白山等地，林地土壤为山地褐色土，成土母质主要是花岗岩风化物，土层较厚，湿度较大。锐齿栎林外貌整齐、由于人为活动的影响，多为萌生幼幼年林，郁闭度 0.7~0.85。辽东栎群系分布于秦岭北坡 1900~2300 米，如太白山，土壤为山地棕壤，土层较薄。红桦群系分布于秦岭北坡 2300~2600 米，如麦秸磊、太白山、光头山，土壤为山地暗棕壤。牛皮桦群系分布于秦岭北坡 2500~2800 米，土壤为山地暗棕壤。针阔叶混交林分布于秦岭太白山北坡海拔 2200~2500 米，林地土壤为山地棕壤。典型植被是华山松。

四、翠华山实习

陕西翠华山山崩景观国家地质公园为 2001 年 3 月国土资源部首批的 11 个国家地质公园之一，而且是全国第一批建成揭碑的国家地质公园。公园位于陕西省长安县秦岭北麓，距西安市区 20 千米，主峰终南山海拔 2604 米，总面积 32 平方千米，是我国山崩地质作用最为发育的地区之一。山崩地貌类型之全，结构之典型，保存之完整，规模之巨大，旅游价值之高，经陕西省科技情报研究所检索，国内外罕见，素有"中国山崩奇观""地质地貌博物馆"之美称。《国语》记载："幽王二年（公元前 780 年），西周三川皆震，……是岁也，三川竭，岐山崩。"《史记》等也有此记载。据推测，翠华山山崩由地震诱发形成，其他小地震对翠华山崩形成均有不同程度的影响。

翠华山山崩总面积 5.2 平方千米，倒石量达 3 亿立方米，目前初步开发 1.5 平方千米，分布在水湫池、甘湫池、大坪三处，主要由残峰断崖、崩塌石海、堰塞湖三大部分组成。

残峰断崖主要指玉案峰、甘湫峰、翠华峰及形成的山崩临空面。三峰鼎立，负势竞上，突兀险俊，直冲云霄。"南望终南如翠屏环列，芙蓉万仞直插青冥"。（清·陕西巡抚给乾隆奏章）"太乙近天都，连山到海隅。白云回望合，青霭入看无。分野中峰变，阴晴众壑殊。欲投人处宿，隔水问樵夫。"（唐·王维《终南山》）翠华山国家地质公园有其悠久的历史文化背景，是牛背梁国家羚牛自然保护区的缓冲区，也是终南山国家森林公园最具特色的组成部分和一级开发区，陕西省著名风景名胜区。据《西京胜迹图志》载，翠华山自秦汉唐王朝起被辟为皇家的"上林苑""御花园"，长安八大寺院围绕其周。汉武帝因"山林川谷丘陵，能出云，为风雨，见怪物，皆曰神"于公元前 112 年在翠华山拜谒太乙神，故翠华山又名太乙山，太乙山至今在东南亚等世界华人地区享有盛名。"终南毓秀太乙钟灵始悟翠华招汉武；冰洞垂凌龙湫池玉应知胜景在长安"，陕西翠华山山崩景观国家地质公园不仅有山崩湖光、奇石异洞、气势蓬勃的天崩地裂壮景，更有其深厚的大文化、大自然背景和优质服务。游人在观赏山崩奇观的同时，更多地会感到中国国家地质公园的特色和地质遗迹与自然文化的相融，开发与保护的可持续发展。

第三节　四川省峨眉山实习

一、峨眉山概况

峨眉山位于中国四川省峨眉山市境内，核心景区面积 154 平方千米，主峰金顶 3077 米，最高峰万佛顶 3099 米，是著名的旅游胜地和佛教名山；是一个集自然风光与佛教文化为一体的中国国家级山岳型风景名胜。1996 年 12 月 6 日列入《世界自然与文化遗产名录》。

峨眉山平畴突起，巍峨、秀丽、古老、神奇。它以优美的自然风光、悠久的佛教文化、丰富的动植物资源、独特的地质地貌而著称于世。被人们称之为"仙山佛国""植物王国""动物乐园""地质博物馆"等，素有"峨眉天下秀"之美誉。唐代诗人李白诗曰："蜀国多仙山。"古往今来，峨眉山就是人们礼佛朝拜、游览观光、科学考察和休闲疗养的胜地。峨眉山千百年来香火旺盛、游人不绝，永葆魅力。

峨眉山高出五岳、秀甲九州，山势雄伟，景色秀丽，气象万千，素有"一山有四季、十里不同天"之妙喻。清代诗人谭钟岳将峨眉山佳景概括为十景："金顶祥光""象池夜月""九老仙府""洪椿晓雨""白水秋风""双桥清音""大坪霁雪""灵岩叠翠""萝峰晴云""圣积晚钟"。现在又新辟了 21 处新景观，如珠湖拥翠、虎溪听泉、龙江云栈、龙门飞瀑、雪洞烟云等，无不引人入胜。进入山中，重峦叠嶂，古木参天；峰回路转，云断桥连；涧深谷幽，天光一线；万壑飞流，水声潺潺；仙雀鸣唱，彩蝶翩翩；灵猴嬉戏，琴蛙奏弹；奇花铺径，别有洞天。春季万物萌动，郁郁葱葱；夏季百花争艳，姹紫嫣红；秋季红叶满山，五彩缤纷；冬季银装素裹，白雪皑皑。登临金顶极目远望，视野宽阔无比，景色十分壮丽。观日出、云海、佛光、晚霞、令游客心旷神怡；西眺皑皑雪峰、贡嘎山、瓦屋山，山连天际；南望万佛顶，云涛滚滚，气势恢弘；北瞰百里平川，如铺锦绣，大渡河、青衣江尽收眼底。置身峨眉之巅，真有"一览众山小"之感慨。

峨眉山为普贤菩萨道场，是我国四大佛教圣地之一。相传佛教于公元 1 世纪即传入峨眉山。近 2000 年的佛教发展历程，给峨眉山留下了丰富的佛教文化遗产，造就了许多高僧大德，使峨眉山逐步成为中国乃至世界影响甚深的佛教圣地。目前，全山共有僧尼约 300 人，寺庙近 30 座，其中著名的有报国寺、伏虎寺、清音阁、洪椿坪、仙峰寺、洗象池、华藏寺、万年寺等。寺庙中的佛教造像有泥塑、木雕、玉刻、铜铁铸、瓷制、脱纱等，造型生动，工艺精湛。如万年寺的铜铸"普贤铜像"，堪称山中一绝，为国家一级保护文物，阿弥陀佛铜像、三身佛铜像、报国寺内的脱纱七佛等，均为珍贵的佛教造像。还有贝叶经、华严铜塔、圣积晚钟、金顶铜碑、普贤金印，均为珍贵的佛教文物。峨眉山佛教音乐丰富多彩，独树一帜。峨眉山武术作为中国武术三大流派之一享誉海内外。这些丰富的佛教文化遗产是中华民族文化宝库中的瑰宝。秀甲天下的峨眉山，终年常绿，素有"古老的植物王国"之美称。由于特殊的地形、充沛的雨量、多样的气候和复杂的土壤结构，为各类生物物种的生长繁衍创造了绝好的生态环境，因此在方圆154 平方千米的范围内生长着高等植物 3200 多种，占中国物种总数的 1/10，相当于整个欧州植物种类的总和。在峨眉山生长的植物中，有被称之为植物活化石的珙桐、桫椤，有著名的峨眉冷杉、桢楠、洪椿；有品种繁多的兰花、杜鹃花等，还有许多各类名贵的药用植物和成片的竹林。这些植物为峨眉山披上秀色，还给各类动物创造了一个天然的乐园。峨眉山有 2300 多种野生动物，其中有珍稀的大熊猫、黑颧、小熊猫、短尾猴、白鹇鸡、枯叶蝶、弹琴蛙、环毛大蚯蚓等。特别是见人不惊、与人同乐的峨眉山猴群，已成为峨眉山中独具一格的"活景观"而闻名中外。

二、峨眉山地质概述

（一）峨眉山的地层

中国地质史上中生代末期的燕山运动奠定了峨眉山地质构造的轮廓，新构造期的喜马拉雅运动，及其伴随的青藏高原的强烈抬升，造就了雄秀壮丽的的峨眉山。峨眉山地层出露较全，在全世界出露的 13 个系的地层中，除缺失志留系、泥盆系和石炭系外，其余震旦系、寒武系、下奥陶统、二叠系、三叠系、侏罗系、白垩系、第三系到第四系都十分发育。

由于山体抬升具有间隙性和各断层抬升速度不同，决定了峨眉山整个地貌是西南方向高山峻岭，东北方向则为低缓的浅丘平原，以及人们常称的峨眉山是"三大层七小层"，即接引殿为第三层之麓，洗象池为第二层之麓，报国寺为第一层之麓。正是大自然的内外营力雕刻，创作出无数奇特秀丽的景观，把峨眉山打扮得绚丽多姿，使雄、秀、奇、幽、险集于一山之中。

峨眉山地层厚度巨大，从震旦纪到晚三叠世垮洪洞期，其间除上二叠统峨眉山玄武岩为陆相基性岩浆喷发岩，宣威组、飞仙关组为陆相碎屑沉积外，其余均为海相沉积。从晚三叠世须家河期开始，峨眉山即结束了海洋环境，而代之以陆相的河流、湖泊沉积。

新生代以来，峨眉山体快速升起，致使第三系和第四系地层呈零星分布于山麓平原地区，本区地层发育情况如表 3-3-1 所示。

表 3-3-1　峨眉山地层表

界	系	统	地方性地层名称	代号	厚度 / 米
新生界	第四系			Q	
	新第三系		新第三系	N	135
中生界	白垩系	下统	溪口组	K_1g	1600
			夹关组	K_1j	400

界	系	统	地方性地层名称	代号	厚度／米
中生界	侏罗系	上统	蓬莱镇组	J_3p	150~878
		中统	遂宁组	J_2sn	200~335
			沙溪庙组	J_2s	500~900
			自流井组	J_2z	224~422
		下统	白田坝组	J_1b	34~75
	三叠系	上统	须家河组	T_3x	520~950
		中统	雷口坡组	T_2L	426
		下统	嘉陵江组	T_1j	169
			铜街子组	T_1t	114
			飞仙关组	T_1f	198
古生界	二叠系	上统	沙湾组	P_2s	95
			峨眉山玄武岩	$P_2\beta$	227
		下统	茅口组	P_1m	346
			栖霞组	P_1q	282
			梁山组	P_{1L}	0.5~16
	奥陶系	下统	大乘寺组	O_1d	148
			罗汉坡组	O_{1L}	159
	寒武系	中上统	洗象池组	$\text{\euro}_{2~3x}$	165
		中统	大鼻山组	$\text{\euro}_2d$	21
		下统	遇仙寺组	$\text{\euro}_1y$	171
			九老洞组	$\text{\euro}_1j$	299
			麦地坪组	$\text{\euro}_1m$	38.42
元古界	震旦系		洪椿坪组	Z_{bh}	94.2
			喇叭岗组	Z_{bLl}	47.5
			峨眉山花岗岩		

（二）峨眉山的地质构造

1. 褶曲

主要有峨眉山大背斜、挖断山背斜和万年寺向斜。

峨眉山大背斜为本区最大的主干构造，轴向近南北，核部在张沟洪椿坪一线，出露地层为峨眉山花岗岩及上震旦统白云岩。翼部出露寒武系、奥陶系、二叠系、三叠系地层。背斜两翼不对称，西翼岩层层序正常，倾角较缓（金顶一带仅 15°~20°）。东翼地层倾角陡立，在凉风峡——鞠家山一带变为倒转层序。故属不对称倒转背斜。由于南北两端分别为峨眉山大断层和观心坡断层所斩断，故目前所见只是大背斜的一段残体。

由于核部地层破碎以及山体迅速抬升，为外动力地质作用的强烈发育提供了有利条件，致使背斜核部形成残山深谷，地势较两翼高山区相对较低。

挖断山背斜：为本区次一级褶曲构造，轴向约北西 45°。核部最老地层为下二叠统（P_1）、翼部为上二叠统（P_2）和三叠系地层。西南翼岩层产状正常，倾角中等。东北翼近核部地层产状正常。但远离核部（龙门洞电站——龙门洞口）发生倒转。另外，背斜枢纽均发生倾没，故属小型短轴倒转背斜构造，保存完整。轴部尚有挖断山断层穿过。

万年寺向斜：紧靠挖断山背斜西南侧，轴向北西约 50°，核部地层在五显岗一带为飞仙关组（T_{1f}），桂花场以北为嘉陵江组（T_{2j}），再向北为雷口坡组（T_{2l}），显示出枢纽向北西方向倾没。

由于东南端受观心坡断层推及的影响，宽度较窄，西北端逐渐展开，成"喇叭型"。其核部较开阔，近挖断山背斜一翼较大。属开阔不对称向斜构造。

2. 断层

本区断层属压性逆断层。主要有峨眉山大断层、观心坡断层、挖断山断层、报国寺断层组。

峨眉山大断层：是本区最大的一个断层构造，它对本区构造单元的划分及地貌特征都起着控制作用。断层走向北东 40°，倾向北西，倾角 50°~70°，断层线出露长度 40 千米以上。其东北端在鞠槽西侧被第四系覆盖。在张沟一带，峨眉山花岗岩逆冲到三叠系岩层之上，断距很大，破碎带宽达 100 米，它实际是由几条分合交替的断裂组成的断裂破碎带。

观心坡断层：规模较峨眉山大断层小，东起纯阳殿一带，向西经观心坡至脚盆坝，全长 18 千米，主断层线露头略呈舒缓的反"S"状，东西两端走向近东西，中段北西 50°。断层有许多分叉，构成复杂的分枝状形象，其特征在黑龙江栈道南至观心坡间尤为明显，这里峨眉山花岗岩及白云岩直接掩复于二叠系及三叠系地层之上。断距几乎与峨眉山大断层相当。但两端很快减小。从此也可以看出，它是峨眉山大背斜在褶皱加剧过程中的一个应力释放面。这个断层不仅切断了峨眉山大背斜的北端，而且由它产生的分力作用，形成了万年寺向斜和挖断山背斜构造。

挖断山断层：发育在挖断山背斜轴部，走向北西 40°~45°，倾向南西，断距较小。在挖断山南侧，断层使二叠系上部灰岩发生重复。断层面附近岩石破碎、辟理。构造透镜体及牵引现象发育，属逆冲断层。

报国寺断层组：发育在报国寺和伏虎寺之间，向北延伸至龙门洞口，再继续向北北西方向延伸长约 8 千米，倾向西至南西。为高度逆断层。在报国寺附近一条冲段层使上三叠须家河组直接掩复了中侏罗沙溪庙组之上，断层两盘地层全部直立倒转。另一条使侏罗系上部和白垩系底部地层缺失。由于报国寺断层发育在山麓地带，大多为松散堆积物及植被覆盖。

上述褶曲与断层，在空间分布与成因上表现出明显的规律性：

（1）构造线方向可归纳为三组：南北向（峨眉大背斜、报国寺断层）、东北向（峨眉大断层）、北西向（观心坡断层、挖断山背斜、挖断山断层、万年寺向斜）。

（2）峨眉大背斜为本区主干构造。它被峨眉大断层及观心坡断层切割成一个三角形断块。这两个断层是在背斜发育过程中所形成的"X"扭裂面上发育而成的。它们在形成、发育过程中紧密相连，互相影响，使峨眉山主体抬升。

（3）发育在观心坡断层以北的万年寺向斜和挖断山背斜，构造线与峨眉山大背斜不同，属次一级构造，其形成与观心坡断层的发育有关。

（三）峨眉山地质发育史

翻开峨眉山的地史画卷，就可以看到峨眉山的曲折的演化历史。

峨眉山是一座背斜断块山，西部隶属峨眉山断块带。其地质发展史和地质构造有着密切的联系。早在距今约 8.5 亿年以前（即早震旦世），峨眉山区还是一片汪洋。早震旦世后期，晋宁运动使峨眉山从地槽区转化为地台区，形成一座低平的山。同时，在地壳深部引发了大量的花岗岩岩浆侵入，形成峨眉山基底岩系，为以后沉积岩盖层的发展演化，起到"地基"作用。

震旦纪中后期至奥陶纪初期（距今 5~7 亿年左右），海水向我国西部、南部淹没而来，峨眉山区第二次沦为沧海，峨眉山区地壳缓慢沉降。初期，地壳下降甚微，在 1 亿年的时间里，沉积形成了近 1000 米厚的以碳酸盐为主的白云岩，即目前一线天、大坪、洪椿坪等地出露的地层。这个时期，大量的低等植被和单细胞动物开始诞生，现在洪椿坪附近的岩石上，尚可清晰地看到藻类的化石遗迹。后期，地壳继续下降，并沉积形成了约1000米厚的砂岩、页岩和白云岩。由于在总的下降过程中，其速度快慢不均，时降时停，甚至间有微小的上升。因此，在从仙峰寺经遇仙寺到洗象池的地层上遗留下岩石交互成层、色彩交错的现象。此地层含有丰富的笔石化石、三叶虫化石和腕足动物化石等。

到奥陶纪后期（距今4.5亿年左右），峨眉山区又开始上升出水面，形成汪洋中一座孤岛。在其孤岛"生涯"的两亿年里，大地发生了地质史上从未有过的巨变，变得生机勃勃，万物散发出生命的气息。而峨眉山区却宁静地处于长期的剥蚀之中，故而其地层剖面中缺失了中奥陶世至石炭纪的历史记录，二叠纪地层直接覆盖在早奥陶纪的地层之上。早二叠纪时期（距今约2.7亿年），我国南方发生了地质史上最广泛的海浸，峨眉山区第三次沦为海底，沉积形成了厚度为400~500米的碳酸盐岩层，为峨眉山悬岩、灵洞等的形成提供了物质条件。如雷洞坪千米悬岩和七十二洞都出现在这套岩层中，并保存着珊瑚、腕足类和蜓科的化石。延至晚二叠纪初期，峨眉山区又一次露出海面，成为攀西古裂谷带的一部分。但好景不长，强烈的华力西运动致使它又进入了火海，即发生了惊天动地的地幔基性岩浆喷溢而出，铺盖了约50余万平方千米，冷却后形成为厚达400多米的玄武岩，即著名的峨眉山玄武岩。目前主要分布于金顶、万佛顶、千佛顶和清音阁等地。

二叠纪后期，海水又再度浸漫，并且过渡到地质史的中生代三叠纪初期，峨眉山区第四次变为沧海，沉积形成了约1500米厚的含砾砂石、岩屑砂岩、泥岩等。目前，龙门洞一带岩层即是这一时期的遗存。

直至晚三叠纪（距今约1.8亿年左右），受印支运动的影响地势上升，海盆逐渐缩小，直至最终关闭，海水永远退出了峨眉山区。距今约1亿~1.8亿年左右，峨眉山还是一个大陆湖泊、沼泽环境。经多次转换，沉积形成一套以砂岩、泥岩、粉沙岩为主的含煤地层，现主要分布和出露于山麓地带。到第四纪中更新世，峨眉山气候寒冷，进入冰期，晚更新世，气候渐暖，在断陷盆地中沉积山前洪冲层构造。峨眉山雄姿的真正崛起和秀影的真正形成，是从白垩纪（距今约7000万年）末开始的，是大自然内外营力长期作用的结果。

白垩纪后期，受四川运动的影响，峨眉山原始水平状的沉积岩层变形、移位，出现了程度不均的褶皱、规模不一的断层。其中峨眉山大断层、峨眉山大背斜又开始发育，峨眉山主体已开始崛起，但当时海拔高度仅1000米左右，成为四川盆地边缘的一座低山，还貌不惊人。

时至始新世末期（距今约 3000 万年左右），印度板块与我国的扬子板块相碰撞，导致世界最高的山脉喜马拉雅山褶皱升起。这次喜马拉雅运动强大的侧压力，震撼了整个亚洲东部。峨眉山也不断遭受东西向主压应力的挤压，出现了强烈的褶皱和断裂，山体沿着峨眉山大断层的断裂面迅速地抬升，高度已达海拔 2000 米左右，形成峨眉山背斜，即峨眉山主体。峨眉山背斜开初还是一个呈南北向隆起的整体，但是其边缘又发生了一系列的断层，将背斜分割成若干大断块，特别是主压应力在北西、北东方向的"X"分压应力所造成的呈北西向断层，更进一步分割了峨眉山背斜。这为以后峨眉山的进一步迅速崛起和地形地貌的进一步形成，奠定了坚实的基础和格局。

当发展到喜马拉雅运动后期（距今约 300 万年左右）时，不可阻挡的震撼，又使峨眉山出现了频繁的新构造，真可谓"大地颤抖，山崩地裂"，其挤压应力以北西—南东方向的分压应力为主，不仅使峨眉山断层规模增大，而且切割到基底的花岗岩体，使峨眉山主体沿断层强烈抬升，最终形成今朝之雄姿，与峨眉平原相对高差达 2600 余米。

近数十万年以来，包括金顶的峨眉山主体，即峨眉大断层和观心坡断层之间的三角地带，上升了近 1000 米，平均每年上升 2 毫米。纯阳殿凤凰坪一带，即观心坡断层北侧，上升了约 500 米，平均每年上升 1 毫米。而山麓外侧，即黄湾、二峨山等地，只上升了约 100 米，平均每年上升 0.2 毫米。也正由于山体抬升具有间隙性和各断层抬升速度不同，决定了峨眉山的整个地貌是西南方向高山峻岭，东北方向则为低缓的浅丘平原，以及人们常称的峨眉山是"三大层七小层"，即接引殿为第三层之麓，洗象池为第二层之麓，报国寺为第一层之麓。

根据峨眉山沉积的岩层，以及下面的花岗岩计算，两者的厚度相加，峨眉山的应有高度为海拔 7000 多米，而现在峨眉山的最高峰也不过海拔 3099 米，那么还有 3000 多米的岩层怎么不见了呢？一方面，因为峨眉山山体本身断层纵横、岩层破碎，易于风化侵蚀；另一方面，冰川、流水、大气等因素的剥蚀，致使其高度在增长的同时被减少。尤其是第四纪（距今约 200 万年左右）冰期的出现（据蕨坪坝冰积物的堆积情况考查，峨眉山至少出现过 3 次），强大的冰川活动，极大程度地剥蚀着岩层。加之峨眉山区雨量充沛，丰富的地下水和地表水也严重地侵蚀、冲刷岩层。各种岩层中，只有玄武岩岩层质地坚硬，破碎程度极小，风化作用十分缓慢，所以在峨眉山抬升过程中，被剥蚀掉的是玄武岩以上的 3000 米岩层，从而被玄武岩覆盖的峨眉山金顶、万佛顶、千佛顶，得以矗立在海拔 3099 米处。

三、峨眉山地貌

（一）地貌特征及成因

峨眉山位于四川地台的西南边缘，这里发育着峨眉大断层、观心坡断层、挖断山断层和报国寺断层。其中以峨眉断层规模最大，它对本区地貌发育以及地貌单元的划分起着控制作用。北东向的峨眉大断层与北西向的观心坡断层，将峨眉背斜分割成三角形断块。自白垩纪末的地壳运动（四川运动）以来，这一断块伴随着强烈的褶皱、断裂运动，开始逐渐升起，并奠定了本区地貌的基本骨架。第三纪末，由于喜山运动，印度板块向西藏地块强烈碰撞，所产生的强大挤压力，影响到整个亚洲东部。一次一次强烈挤压，使峨眉山体沿峨眉大断层面向上滑移，致使峨眉断块抬升，到第四纪中期（100多万年前）已上升2000多米，在近数十万年中，又上升1000米左右。于是形成了一座拔地而起的断块山。

除峨眉大断层及观心坡断层之间的三角地带（峨眉山主体）强烈上升外，在观心坡断层北侧（纯阳殿、凤凰坪一带），以及山麓外侧（黄湾、二峨山等地），也有所上升，但上升的速度不同。据认为近五十年，峨眉山主体，平均每年上升2毫米；观心坡断层北侧地区，平均每年上升1毫米；而山麓外侧则上升0.2毫米。由于同一时期内，以三种不同的速度上升，故使现代峨眉山地区呈现三个平台，即东麓低山为一级，海拔600~700米；万年寺、凤凰坪、牛背山等处为二级，海拔约为1200米；九老洞、大坪、华严顶（天池峰、宝掌峰）为第三级，海拔为1700~1900米。此外，在洗象池以上，还保存着多级溶洞与地形平台，如以弓背山、王帽山为代表的海拔2000~2500米平台；以金顶、千佛顶为代表的海拔3000~3100米平台。不过这些平台形成的时期较为古老，加上断块山在内力作用引起的上升过程中，同时遭到外营力的剥蚀，所以平台的形态保存较差。

外营力的剥蚀作用，在峨眉大背斜的轴部最为强烈。此处沉积岩累计厚度达6000米，经长期的流水作用，冻融风化作用和重力崩塌等外力剥蚀，岩层消失，花岗岩出露，山势降低，背斜轴部高程仅为1800~2000米。并以天池峰为分水岭，形成了北面以黑龙江、白龙江，南面以张沟为主的背斜谷和次成谷负地形，显示出高山深谷的地貌景观。而背斜西翼却高高崛起，形成一座单面山。其山脊沿南北方向延伸，前坡冻融，崩塌作用强烈，形成相对高度达700余米的悬崖绝壁，处于峭壁边的金顶、千佛顶和万佛顶仍是这座单面山的三处尖缝。单面山后坡为一地势开阔的倾斜缓坡，与前坡悬崖形成鲜明对比。

在单面山前坡的下部分，背斜轴部以及背斜东翼，即海拔600~2400米一带，沟谷地貌十分典型。普遍发育了切沟、冲沟和峡谷。横剖面呈"V"字形。沟床和河床多跌水。纵剖面上出现数级列点，呈阶状。白龙江、黑龙江和张沟上游段以逆向谷为主，而下游段，则为背斜谷和次成谷。这三条河流从源头至山口落差达 2000 米以上，因而流水作用强烈。

从峨眉山麓至山前平原，发育了洪积扇和河流阶地。山前峨眉平原是在峨眉断块山抬升过程中发育起来的一个相对沉降的盆地。长约 20 千米，宽约 10 千米，呈一不规则矩形平原。大部分由双福河、峨眉河、临江河以及若干沟谷搬运物质形成的大小洪积扇所组合而成，其中规模最大的洪积扇为张沟洪流搬运物质所堆积而成的高桥洪积扇。

河流出峡谷进入丘陵、平原以后，流水侵蚀作用逐渐变为以侧向侵蚀为主，谷坡缓、河床宽，河曲发育。黄湾、张坝、姚坪是三个较大河曲，河曲堆积岸分布有四级阶地。其中Ⅲ级较完好，Ⅲ、Ⅳ级呈小丘。

峨眉山地区是我国以及我省西部降雨中心，年平均降雨量为 1580~1900 毫米。而且绝大部分雨量集中在 6—9 月。故流水侵蚀作用，尤其是暴雨所形成的洪流，对山区产生着强烈的侵蚀。加之峨眉断块山强烈上升，内外力作用相辅相成，致使峨眉山形成千沟万壑，崇山峻岭，呈现山高谷深的地形。正因为如此，沟谷比降大，沟谷流水显示出巨大的下蚀与搬运能力，加剧了流水作用。同时由于地势复杂，暴雨常触发滑坡、崩塌等重力作用，并酿成泥石流，冲出山口为建造峨眉平原提供了物资来源。可见，在多雨条件下的强烈流水作用是本区地貌发育的主要外营力。

峨眉地区还有较多可溶性岩层分布，加之流水充沛，气候适宜，使溶蚀作用较为强烈。形成了岩溶地貌。峨眉山主体有多层溶洞分布，而九老洞是其中较大的一个。岩溶作用也加剧了剥蚀作用的进行。

从山前到山顶，温度出现了亚热带、暖温带、中温带和寒温带。在 500 米以上的山地，除流水作用外，还有冻融风化作用，尤其在 2990 米以上地区，一月平均温度小于 -6 ℃。冬季积雪期长，冻融作用更为强烈。它使分布于峨眉之顶且柱状节理发育的玄武岩裂不断扩张，岩石结构遭到破坏，加之单面山前坡陡崖上的岩石，其软弱结构面的倾角小于悬崖陡坡角度，抗滑力小。因此在重力作用下，玄武岩易发生崩塌、错落。结果使单面山前坡陡立，绝壁高耸。

综上所述，本地地貌单元可分为两大地貌单元，西为山地，东为平原。西部地区经内力作用奠定了地貌基本骨架，尔后经过内外力相互作用（尤其外营力作用），塑造出了单面山、猪背脊、背斜谷、次成谷、顺向谷、逆向谷、冲沟及河谷等次一级地貌类型，叠加在峨眉断块山之上，使断块山地貌复杂化，成为"雄、秀、险、奇"的基础。东部峨眉平原，受流水作用，洪积扇多被现代河流分割，且阶地与河曲发育。

（二）峨眉山地貌的成因类型

峨眉山地貌可分为以下几种成因类型。

1. 堆积地貌

峨眉平原在构造上是一断裂下陷带，由于峨眉断块山上升，侵蚀作用强烈，为峨眉平原的块积提供了物质来源。据地质考察证明，在沉积基底上堆积了第三纪以来各时代的河湖相地层达 300 余米。峨眉平原面积约 200 千米，海拔 400~490 米。大致以峨嵋河为界，北面主要由峨嵋河及其支流双福河、粗石河冲积而成近代冲积平原。以南则为不同时代的洪 – 冲积扇堆积，以及冰水堆积而成。

洪 – 冲积扇分布在峨眉山、二峨山山前地带，它们的大小和形成时期各不相同。其中面积最大、保存最完整的是由张沟、柳溪河等冲积而成的高桥洪 – 冲积扇。扇顶位于高桥，相对高度 30 米，以 3%~3.5% 的坡度向东北方向倾斜，至鞠槽、青龙场一线相对高度为 17 米，坡度减为 0.5%~1% 高桥洪 – 冲积扇，除西北侧被临江河左河床（王曹）切割外，其余扇面保存较好，多以垦为农田。高桥洪 – 冲积扇从张沟出口自高桥附近，为黄色黏土及砾石层组成，厚度约 20 米，砾石大小混杂，分选性差，大者可达 2~3 米，以花岗石、玄武岩居多，有人疑为冰川堆积，扇面上还点缀着侏罗系砂叶岩构成的残丘，相对高度 10~15 米。

在山丘地带，如报国寺、师范校等处，还分布有范围不大、坡度大、物质来源近、堆积厚度不大的洪积扇（冲出锥）由于新构造运动的影响，常以不对称叠迭式洪积扇出现。新扇位于老扇北侧，以涧曹沟洪积扇最为典型。

2. 侵蚀 – 堆积地貌

河漫滩：分布在近代河流两岸，由砂、砾石组成，一般高出枯水位 2 米。

Ⅰ级阶地：分布在峨嵋河、临江等现代河流两岸，平原区以上迭阶地为主，山地则为基座阶地，相对高度 2~10 米。

Ⅱ级阶地：见于峨嵋河张坝、王田坝等地。为基座阶地，因受现代流水切割，多呈垄岗状分布。

Ⅲ、Ⅳ级阶地：基座阶地，由棕红色、黄褐色黏土及砾石组成。黏土及砾石据认为是雅安期冰水堆积，所以次阶地疑为冰水阶地。现已成小丘状。

此外，在凉水井一带，分布有第三系黏土层，铁钙质胶结的沙砾岩层。有人定为Ⅴ阶地，相对高度90米左右，因受新构造运动的影响，层位已变动。

3.侵蚀－构造地貌

丘陵：主要分布在峨眉山东麓地带，由白垩系黏土组成，其形态受岩性影响多呈浑圆状。丘坡平缓丘间沟谷发育。海拔高度500~600米，相对高度50~100米。

低山：分布在二峨山前缘及峨眉山北段，海拔500~1000米，相对高度100~300米，二峨山前缘低山由三叠系须家河组砂质岩构成。山岭呈串珠状；而峨眉北部低山，由白垩系夹关组砂岩构成，多为单斜山岭。

中山：分布在报国寺以西，为峨眉山主脉，山势雄伟，大致呈南北向。海拔大于1000米，相对高度大于500米。主峰万佛顶高达3097.9米。由于新构造运动，峨眉山迅速上升。流水强烈侵蚀，故而沟谷极为发育，多呈"Ⅴ"形，上多悬崖峭壁。

4.侵蚀－溶蚀地貌

侵蚀－溶蚀中山分布在二峨山断层以南，为二峨山主体，海拔800~1200米，主峰2037米，山脊圆滑，呈峰丛状，基岩裸露，水土流失严重。

在二叠系、三叠系灰岩出露地区，岩溶地貌发育，主要有下列一些地貌形态。

石芽与溶沟：主要分布在分水岭地带，石芽一般不高，仅几十厘米。溶沟最深可达三米，宽数十厘米至五米之间。有些溶沟被黄色黏土填充，上有植被。落水洞：直径一般十多米，周围多被植物覆盖，深数十米至十米，常与水平溶洞相连，多为蝶形洼地之排水通道。

溶蚀洼地：主要在柳溪河沿岸，以林岩寺洼地最大，约为2千米，低而平坦，已垦为水田。

溶洞：区内溶洞发育良好，计有八仙洞、鱼子洞、老虎洞、紫蓝洞等十余个，其中八仙洞在柳溪河右岸，海拔570米，相对高度30米，人可通行，洞内石钟乳发育。

地下河：本区还有另一条地下河，一是打鱼湾至雷水洞，长400米，为一天然引水隧道，现已利用做磨房动力。

四、峨眉山的土壤

峨眉山地处四川盆地的西南边缘，是成都平原向川西高原的过渡地带。地形复杂，地势高差悬殊，东北部是低平的峨眉平原，西南部是层峦叠嶂、奇峰挺拔的峨眉山。最高点是峨眉山的万佛顶，海拔3098.8米，最低点是峨眉山的出境口，海拔386米，相对高差2712.8米。

本区受东南风影响，降雨量充沛，湿度大，属我国亚热带温湿润气候，地带性土壤为中亚热带黄壤和红壤。由于峨眉山屏障的作用，境内各地自然地理条件又差异很大，从山麓到山顶随海拔高度的变化，气候、植被和土壤的垂直分异现象异常明显。其土壤山地垂直带谱如下：

600 米以下潮土、紫色土；

600~1500 米山地黄壤；

1500~1700 米山地黄棕壤；

1700~2100 米山地棕壤；

2100~2900 米山地暗棕壤；

2900~3099 米漂灰土。

（一）各类土壤分布和特征

1. 漂灰土

漂灰土又名棕色针叶林土。在我国，它是寒温带湿润地区针叶林下发育的土壤，是在地方性气候和植被影响下的一种特殊土壤。

观察点：金顶东、南两侧，海拔 3048 米。

在杜鹃冷杉林下发育的漂灰土剖面如下：

（1）枯枝落叶层 0~4 厘米为木本植物凋落物、苔藓死亡部分及其细根，紧接土表部分出现泥炭化。

（2）腐殖质层 4~15 厘米灰黑色，团粒结构，疏松，多木质粗根。

（3）漂灰层（灰白色层）15~35 厘米淡灰色，细粉砂质，有根系。

（4）淀积层 35~55 厘米棕黄色，质地较为黏重，有砾石。

（5）母质层 55 厘米以下，峨眉山玄武岩风化残积物。

2. 山地暗棕壤

暗棕壤又名暗棕色森林土，是发育在我国温带湿润地区针、阔混交林下形成的土壤。

观察点：卧云庵附近。

暗棕壤典型剖面如下：

（1）枯枝落叶层：3~5 厘米由母本凋落物和草本残体组成，下部呈半分解状态。

（2）腐殖质层：厚 6~12 厘米灰棕色，具粒状和团块状结构，根系密集。

（3）灰白色：厚 15~35 厘米灰黄色或淡灰色。腐殖质、氮素与代换性阳离子均无突然降低现象。铁、铝有一定程度淋漓作用，但不明显。

（4）淀积层：厚约 25~30 厘米暗色，紧实，质地稍黏重，呈不稳固的块状或团块状结构。向下过渡为棕色或杂色的母质层。

3. 山地棕壤

棕壤在我国过去称为山东棕壤或棕色森林土。它广泛分别于暖温带湿润地区的低山、丘陵和平原。尤以辽东、胶东半岛最为集中。棕壤是落叶阔叶林或以落叶阔叶林为主的针阔混交林植被下形成的土壤。在暖温带半湿润、半干旱地区和亚热带湿润地区的山地垂直带谱中也有棕壤出现。

观察点：罗汉坡，大乘寺。

棕壤的典型剖面如下：

（1）枯枝落叶层：厚约 2~10 厘米不等。

（2）腐殖质层：厚约 10~20 厘米灰棕色，粒状或团粒状结构。

（3）黏化淀积层：厚约 30~40 厘米棕色，有时为黄棕色，呈明显的棱块状结构，在结构体表面存暗色的铁锰胶膜。淀积层以下逐渐过渡为母质层。

4. 山地黄棕壤

黄棕壤过去称为灰棕黏盘壤。它是我国北亚热带生物气候条件下形成的土壤。

观察点：九老洞。

林地中黄棕壤的典型剖面如下：

（1）残落物层：植物残落物很薄而不连续。呈半分解状态。

（2）腐殖质层：厚 10~20 厘米暗灰棕色，具粒状团块状结构，疏松多孔，向下逐渐过渡。

（3）淀积层：厚约 40~80 厘米，质地黏重。基本色调为棕色，结构呈棱状和块状，结构体面常有棕色或暗棕色胶膜，有时存锈斑。再下为母质层，多系杂色的半风化物。

5. 山地黄壤

母质层多保留原来母岩色泽，一般比较混杂，但发育在紫色砂岩和红色黏土上的常呈紫红色和枣红色。

观察点：万年寺。

典型黄壤的剖面：

（1）枯枝落叶层：地面凋枝残叶数量变化较大，呈半分解状态。

（2）腐殖质层：约 10~20 厘米，暗灰棕至淡黑色，具核状或团块状结构，土中蚯蚓等较多。

（3）淀积层：厚约 15~60 厘米不等，呈鲜艳的黄色或腊黄色，质地黏重，块状结构。在结构体表面上常见铁质胶膜。

6. 紫色潮土、酸性紫色土

（1）紫色潮土：峨眉平原上的紫色冲积层，是紫色潮土的成土母质。经过人类长期的耕作熟化措施，形成矿物成分复杂、养分丰富、土质疏松、耕层深厚、地形平坦、能灌能排的紫色潮砂泥土。

（2）酸性紫色土：紫色土是带紫色的岩层裸露经风化而形成的土壤，其发育阶段相对年幼，母质特征表现明显。

峨眉师范学院附近的丘陵坡地上紫色土与乐山大佛寺、乌尤寺一带的土壤，同为酸性紫色土，成土母质为白垩系的灌口组和夹关组。由于古气候作用，母质先天风化深，故多为砖红色和棕红色。胶体的硅铝铁率 2.0~2.5，土壤吸收容量仅为每 100 克土 9.8~12.6 毫克当量。常种松杉树种，亦多发展为茶园。

五、峨眉山的植被

峨眉山山势高，相对高度为 2685 米，其气候垂直分异显著，故峨眉山上的植被生长期及植物的种类，在不同的高度有极大的差别，峨眉山的植被随海拔升高其垂直带非常明显。根据峨眉山不同垂直高度的生长环境和植物群落特征，将峨眉山植被分为五个带，如表 3-3-2 所示。

表 3-3-2 峨眉山植被带表

海拔高度 / 米	植被类型
2900~3099 梳妆台—万佛顶	寒温带（亚高山）常绿针叶林与次生灌丛
2100~2900 洗象池—梳妆台	温带落叶阔叶林与常绿针叶混交林带
1500~2100 茶棚子—洗象池	暖温带常绿阔叶林与落叶阔叶混交林带
1000~1500 万年寺—茶棚子	亚热带常绿阔叶林带
470~1000 峨眉县—万年寺	亚热带次生植被

（一）寒温带（亚高山）常绿针叶林与次生灌丛带

分布：万佛顶—梳妆台。

观察点：千佛顶——次生灌丛；云成寺（太子坪）——冷杉林。

1. 杉林

冷杉林为四川西山地亚高山长绿针叶林，由冷杉组成的纯林。

（1）冷杉树姿挺拔，冠幅大，显尖塔形，能耐低温、阴湿，主要分布于高山峡谷。

（2）群落外貌暗绿，林相稀疏。

（3）群落结构简单：

乔木层：为单优势种峨眉冷杉纯林，其他树种及少见，林冠层总的来说郁闭度大，在不同地段，其郁闭度由 0.35~0.9 不等，林内阴暗。

灌木层：以箭竹占绝对优势，生长密集，箭竹中渗有花木秋，绒毛柳及多种杜鹃，林下灌木层的种类成分。随光照强度影响而改变显著，若林下透光良好，杜鹃及其他落叶灌木数量增多；相反，若林内很阴暗、箭竹密集丛生，其他种类难于渗入其中。

地被层：林下地被层繁茂，地表几乎为藓类所覆盖，盖度一般达 80% 以上，厚度 10~15 厘米，并以锦丝藓为主，混有塔藓。在局部低洼易积水地段，则有泥炭藓出现。

层外植物：林内阴暗潮湿，附生植物地表，苔藓十分发育，密布于冷杉树干和灌木茎枝上，尤以长松罗悬挂林间而十分醒目。

人为影响严重：植相稀疏，郁闭度一般小，呈斑块状或小片状分布，形似"公园森林"。仅在局部郁闭度大的冷杉内，与人以阴暗针叶林之感。

2. 次生灌丛

峨眉山 2900 米以上的次生灌丛应属冷杉带内的植被类型。广布林间的局部地段，在金顶、千佛顶、万佛顶一带有较大面积的分布。这类次生植物是由于冷杉过度砍伐，或成片毁林之后形成。目前次生灌丛林相稳定。

次生灌丛一般可分为两个亚层，第一层主要是由喜光的绒毛柳、野樱桃、杜鹃组成，一般分布稀疏，盖度小。第二亚层以箭竹为主，盖度很大，可达80%~95%。

（二）温带常绿针叶与落叶阔叶混交林带。

分布：梳桩台—洗象池。

观察点：大乘寺。

此带年平均温度 4~8 ℃，年降水量 2100~1850 毫米，是一个上、下气候要素交叉的场所。高山上部的植物可以生长，这里是冷杉的下限；低山植物可以生长，这里是杉木的上限。亚热带与温带，长绿与落叶的植物在这里生长繁衍，这里成了植物的避难所，所以种类组成复杂，优势不明显。

常绿树种以山毛榉科的栲属、石栎属、青冈为优势种，伴生有樟科、山茶科、木兰科、珙桐科、蔷薇科、虎耳科、木科、五加科的常绿树种。落叶树种以桦科的鹅耳属、桦属，槭属科的槭属、漆树属，山毛榉科的水青冈属、栎属为主，其他常见树种有昆木兰树科、连香树科、珙桐科、清风腾科、标科、胡桃科、苦木科、七叶树科及冬青科、忍冬青科等落叶树种。这一带古老和特有种属特别丰富，如珙桐、水青树、连香树、领春木等。

在针阔混交林带内，以落叶松为背景，冷杉以斑块状镶嵌其中，稀疏不均，分布星散。

这一带分布的海拔高度变幅大，因冷杉受人砍伐严重，其次是许多落叶阔叶树种生态幅度大，因此，植被分布往往模糊，掩盖了原生植被的自然界线，致使目前难以确切分带。

（三）暖温带常绿－叶阔叶混交林带

分布：洗象池与茶棚子之间，此带与相邻两带互相延伸，犬牙交错。这种分布特点主要因为地形破碎，水热分异急剧，局部生境差异显著，加之人为砍伐严重。

观察点：九老洞、龙桥沟。

本带植被带的生态环境、层次结构及代表植物外貌季相变化显著，夏季淡、浓绿色镶嵌，入秋呈黄、绿、褐色斑驳混杂。群落层次结构复杂：

乔木层：又可分为2、3个亚层，乔木层植物种类丰富，以壳斗科的石栲及栲属为主，伴有少量的樟科植物；落叶乔木主要有峨眉四照花、珙桐、野核桃、野樱桃、红椿、鹅耳，还有少量杉木渗入或者局部地段块状分布。

灌木层：以箭竹占优势，另外还有峨眉桃叶珊瑚、青叶、杨叶、木姜子、山梅花、新木姜子等。本带植被的分布界限以珙桐为其标志。

（四）常绿阔叶林带

分布：茶棚子—万年寺。

观察点：万年寺。

本带植被大致以海拔1200米（小红椿坪）分界，上部常绿阔叶林带所处海拔较高、气温较低，群落组成以耐寒的壳斗科种类为优势，并含一定数量的落叶成分；下部常绿阔叶林，因海拔低、生境湿润，群落组成以樟科植物为优势。

（1）壳斗科为优势的耐寒长绿阔叶林

分布在茶棚子—小红春坪。种类组成以壳斗科的常绿栲属为主，还有樟科山胡椒属及木姜子属，其他还有多种常绿阔叶成分如梁王茶、穗序鹅掌柴、峨眉桃叶珊瑚、常绿类及茶科植物。落叶树种也占一定数量，如珙桐、红椿、四照花。

（2）樟科为优势的常绿阔叶林

分布在小红椿坪—万年寺。以樟科的润楠属、木姜子属、新木姜子属、山胡椒属、黄肉楠属为主，另外还有壳斗科考属、木兰科含笑属、省沽油科山香园属，以及山矾科、苯科的一些植物。

（五）亚热带次生植被

分布：万年寺以下。

观察点：从峨眉县出发沿途观察。

峨眉山海拔 1000 米以下地区，主要分布着亚热带次生植被，亚热带次生植被是指地带性常绿阔叶林破坏后形成的各种稳定的植被类型，包括多种次生灌丛、次生针叶林及落叶阔叶林。这些次生植被形成的基本原因，是过度砍伐、开垦及火烧等人类生产活动引起水土流失，地带性植被的生物气候条件改变，生态环境恶化的结果；同时，不同地段的地质、地貌、土壤等因素又往往加剧其生境的改变，从而形成多样的次生植被。

目前，这些次生植被如能合理利用，注意改善环境条件，择育优良品种，加强科学管理，将大大改善其向地带性常绿阔叶林演替的过程，从而恢复发展这一地区的森林植被。

六、峨眉山的气候

峨眉山气候垂直分异显著。峨眉山高耸的地势，对南来的气流有抬升作用，使峨眉山温度、雨量、湿度垂直差异明显，与临近地区较颇为特殊。第一，从温度来看，地势越高，气温越低，年较差越小，山麓地带的峨眉县年平均气温 17.2 ℃，而山顶的金顶年平均气温 3.1 ℃，山麓年较差 19.3 ℃，山顶则为 18 ℃，第二，以雨量来看，峨眉山与临近地区相比，雨量多得多，这主要是因为山地对气流抬升作用产生一定数量的地形雨而致，峨眉山年降水量 1959.8 毫米，峨眉县 1593.8 毫米，两地相差 366 毫米。降水大部分集中于夏季。第三，从湿度来看，峨眉山平均湿度为 86%，个别月份达 93%。而峨眉城区为 80%。主要因峨眉山山体高大，使空气在不同高度凝结成云雾，峨眉山终年在云雾笼罩之中。

总之，峨眉山由于山势高，使其气候要素从山麓到山顶有显著差异，出现了不同的气候类型，这是致使峨眉山植被垂直分带的主要原因。

第四节　都江堰实习

都江堰位于成都平原西北部灌县境内，处于岷江中游。它是公元前 250 年左右战国末期秦昭王襄王年代，蜀郡寺李冰组织人民群众，因地制宜，就地取材，用竹、木、卵石修建的一项水利工程，工程历史悠久、规模宏大、布局合理、经久不衰，使成都平原成为"水旱从人，不知饥谨"的"天府之国"。距今已有两丁两百多年的历史。

一、岷江概况

岷江源于四川省松潘县境内的羊膊岭，河源地海拔高四千米左右，它流经了阿坝高原、龙门山地，从河源到灌县的三百四十千米间，落差达二千多米，到灌县流出峡谷，分为内外两江进入成都平原、川南浅丘等地区，至宜宾汇入长江，全长 793 千米，是长江上游最大的一条支流。灌县以上为岷江上游，灌县至乐山为岷江中游，乐山以下为岷江下游。全流域面积为 13.35 万平方千米。岷江上游，河道自西北向东南穿行于东北西南向的龙门山区，切穿许多峡谷，水流湍急，水量大，水力资源较丰富。

由于上游坡陡流急，携带大量的推移质泥沙，奔出山谷峡谷后向成都平原四处散流，随着河床纵比降的变小，流速减缓，大量的泥沙淤积，通过漫长的地质历史时期，逐渐堆积成自西北向东南倾斜的岷江洪积扇，成都东郊便是这个洪积扇的扇缘地区。

二、都江堰渠首工程

我国古代人民和水利工作者，经过与岷江洪水作斗争的实践，认识了水道的自然规律，合理地选择地形，因势利导，巧妙地布置了都江堰渠首工程。主要由鱼嘴、飞沙堰和宝瓶口三项工程组成。三项工程的布局完全符合现代水利枢纽的原则，加之历代总结的一系列科学管理法规，使都江堰历久不衰，举世闻名。

（一）分水鱼嘴

分水鱼嘴设在岷江的江心，它把岷江分为外江和内江。外江是岷江的主流，用于排洪，经乐山至宜宾汇入长江。内江是人造河道，主要用于灌溉，经宝瓶口流入成都平原。因为分水鱼嘴处于岷江弯道处，内江为凹岸，外江为凸岸。枯水季节，水位下降，河面变宽，上游来水主要集中在内江凹岸一侧。此时内江进水量多，占六成，外江来水少，占四成，保证了成都平原冬春枯水期灌水、蓄水需要。洪水期，水流漫滩，水位上涨。由于外江宽度较内江宽，因而流幅宽，水道断面比内江大，所以其主流流势由内江深槽由外江一侧移动。同时，内江河道水面比降又受飞沙堰和宝瓶口束水顶托的影响，水面比降小于外江。此时，外江进水多，占六成，内江进水少，占四成，避免了内江进水过多造成成都平原的水灾。即所谓"分四六，平潦旱"。

由于分水鱼嘴位于弯段的中心，利用弯道水流的特性，使得岷江上游河段带来的大量砂石，大部分泄向凸岸的外江而输送到下游河道，进入内江的则是含矿量较小的表层清水。分水鱼嘴是以金刚堤与下游飞沙堰及宝瓶口相连，构成都江堰的整体。靠内江一侧叫内金刚堤，靠外江一侧叫外金刚堤。

（二）飞沙堰

飞沙堰江弯道的右岸（凸岸），是一个溢洪排沙的低堰，所以又称飞沙堰溢洪道。堰顶高出内江河床约 2 米，顺长 120 米，用竹笼和大卵石钉砌而成。它的作用是在枯水期拦住江水入宝瓶口去灌溉良田。洪水期排洪进入内江河道的过量洪水和部分进入内江的沙卵石。

飞沙堰顶高低的选择，对飞沙堰泻洪沙的功能影响很大。当飞沙堰的堰顶高程过低，未能使宝瓶口水位达到"旧水则"（古代水位标尺）9 划时，不能满足灌溉需要；如果堰顶过高，溢洪作用减弱，使内江来水超过宝瓶口进水量，而形成下游水害。另外，堰顶过高，底层侧向环流的挟沙能力有限，一些较大粒径的推移泥沙不能泻出内江，当堰顶高程使其水位达"旧水侧"（相当于吴淞基面 278.0 米左右），就能满足灌溉用水需要。

（三）宝瓶口

宝瓶口引水口位于内江末端（凹岸），是一个人工开凿的山口，状如瓶颈，故称"宝瓶口"。口门宽 2.0 米，河道端面十分狭窄。与飞沙堰溢洪道和人字堤流小槽的溢流宽度相比，宝瓶口相应起到了控制引水流量的作用。根据有关资料，当内江水量 2000 立方米 / 秒时，宝瓶口进水量虽超过 3000 立方米 / 秒，宝瓶口进水量只有 740 立方米 / 秒。宝瓶口侧面的高堆的水面在洪水期发生壅水，产生环流，使一部分推移质泥沙又随飞沙堰排到外江。

宝瓶口引水口与鱼嘴分水堤，飞沙堰溢洪道三项主体工程互相配合，即保证引进足够满足灌溉用水需要的水量，又不致引进过多的洪水使灌区造成洪灾，从1936 年有水文资料以来，宝瓶口进水未超过 19.5 划，流量未超过 800 立方米。鱼嘴、飞沙堰，人字堤使岷江大部分的推移质泥沙排入外江，使内江免于淤积，实际进入宝瓶口的推移质，只占岷江总来沙量的 10% 左右。

三、其他工程

百丈堤：位于"鱼嘴"前的一条导水顺堤，宽 4 米，高 7 米，长 820 米，控制了河床的左右摆动。

人字堤：又称第二飞沙堰，宝瓶口 14 划时溢流，堰宽 40 米。除了溢洪、飞沙外，还能收集从内江流下来的木材，另外，它可以起到消能作用，以减小流水对伏龙观离滩的冲蚀。

都江堰这个无坝引水工程，2000 多年来历久不衰的原因，除上述组成都江堰渠首的三项主体工程互相配合、发挥科学的控制作用外，还与都江堰科学的治水经验和管理法则以及都江堰渠首所处的地形、地质水文条件有关，工程充分利用了岷江冲洪积扇的天然地面倾斜，都江堰渠首海拔高 730 米，渠首段河床比降千分之五，成都市海拔高程 500 米，灌县至成都 60 千米，高差 230 米，地面坡降陡，保证了良好的自流灌溉条件，适当地利用了飞沙堰对岸虎头岩地形，增强了水内环流和侧向输沙能力。宝瓶口是从玉垒山凿开而成，由于砾岩为硅质胶结。岩性十分坚硬，抗冲刷能力强保证了河道横断面十分稳定。

1949 年以前，由于工程失修，管理不善，使灌溉面积由历史上的 300 万亩下降到解放前夕的 200 万亩，解放后，在党和政府的关怀重视下，对工程进行了大力整修，健全管理组织，调整渠系，合并（支渠）堰口等大规模的改渠治河工程，使都江堰的建设迅速发展。随着扩灌工程的全面配套，灌溉面积扩大到 1200 万亩以上。都江堰不仅为农业生产服务，还为工业用水，城市生活用水，木材流送。灌区小水电站等综合利用服务，为社会主义建设作出了贡献。

第五节　乐山大佛实习

一、乐山大佛景区概况

乐山大佛景区位于乐山市郊，岷江、青衣江、大渡河三江汇流处，与乐山城隔江相望。景区由凌云山、麻浩岩墓、乌尤山、巨形卧佛等组成，游览面积约8平方千米。景区集聚了乐山山水人文景观的精华，属峨眉山国家级风景区范围，是闻名遐迩的风景旅游胜地。

凌云山紧傍岷江，上有凌云寺，建于唐代。依山开凿大佛一座，通高71米，脚背宽8.5米，为当今世界第一大佛。大佛为唐代开元名僧海通和尚创建，历时90载完成。大佛为一尊弥勒座像，雍容大度，气魄雄伟，被诗人誉为"山是一尊佛，佛是一座山"。

乐山大佛开凿于唐玄宗开元初年（公元713年）。当时，岷江、大渡河、青衣江三江于此汇合，水流直冲凌云山脚，势不可挡，洪水季节水势更猛，过往船只常触壁粉碎。凌云寺名僧海通见此甚为不安，于是发起修造大佛之念，一使石块坠江减缓水势，二借佛力镇水。海通募集20年，筹得一笔款项，当时有一地方官前来索贿，海通怒斥："自目可剜，佛财难得！"遂"自抉其目，捧盘致之"。海通去世后，剑南川西节度使韦皋，征集工匠，继续开凿，朝廷也诏赐盐麻税款予以资助，历时90年大佛终告完成。

佛像高71米，是世界最高的大佛。大佛头长14.7米，头宽10米，肩宽24米，耳长7米，耳内可并立二人，脚背宽8.5米，可坐百余人，素有"佛是一座山，山是一尊佛"之称。大佛依凌云山的山路开山凿成，面对岷江、大渡河和青衣江的汇流处，造型庄严，虽经千年风霜，至今仍安坐于滔滔岷江之畔。人们观赏这尊世界第一大佛，往往只看到依山凿就的外表，看到他双手抚膝、正襟危坐的姿势，而对他的部位结构则看不真切。其实，细究他的形体结构，是很有趣味的。乐山大佛具有一套设计巧妙、隐而不见的排水系统，对保护大佛起到了重要的作用。在大佛头部共18层螺髻中，第4层、第9层和第18层各有一条横向排水沟，分别用锤灰垒砌修饰而成，远望看不出。衣领和衣纹皱折也有排水沟，正胸有向左侧也有水沟与右臂后侧水沟相连。两耳背后靠山崖处，有洞穴左右相通；胸部背侧两端各有一洞，但互未凿通，孔壁湿润，底部积水，洞口不断有水渗出，因而大佛胸部约有2米宽的浸水带。这些水沟和洞穴，组成了科学的排水、隔湿和通风系统，防止了大佛的侵蚀性风化。

沿大佛左侧的棱云栈道可直接到达大佛的底部。在此抬头仰望大佛，会有仰之弥高的感觉。坐像右侧有一条九曲古栈道。栈道沿着佛像的右侧绝壁开凿而成，奇陡无比，曲折九转，方能登上栈道的顶端。这里是大佛头部的右侧，也就是凌云山的山顶。此处可观赏到大佛头部的雕刻艺术。大佛顶上的头发，共有螺髻1021个。远看发髻与头部浑然一体，实则以石块逐个嵌就。

大佛右耳耳垂根部内侧，有一深约25厘米的窟窿，长达7米的佛耳，不是原岩凿就，而是用木柱作结构，再抹以锤灰装饰而成。在大佛鼻孔下端亦发现窟窿，露出三截木头，成品字形。说明隆起的鼻梁，也是以木衬之，外饰锤灰而成。

大佛胸部有一封闭的藏脏洞。封门石是宋代重建天宁阁的纪事残碑。洞里面装着废铁、破旧铅皮、砖头等。据说唐代大佛竣工后，曾建有木阁覆盖保护，以免日晒雨淋。从大佛棱、腿臂胸和脚背上残存的许多柱础和桩洞，证明确曾有过大佛阁。宋代重建之，称为"天宁阁"，后遭毁。维修者将此残碑移到海师洞里保存，可惜后来被毁。大佛头部的右后方是建于唐代的凌云寺，即俗称的大佛寺。寺内有天王殿、大雄殿和藏经楼等三大建筑群。

自明、清以来的数百年间，大佛饱受自然风雨侵蚀，以致佛身千疮百孔，面目全非。1962年，中国政府拨专款对佛像作全面维修，它那端庄清秀的真容才重见天日，以后大佛又批准列为国家重点文物保护单位。目前，在联合国教科文组织世界遗产委员会和国内外文物保护专家的指导下，这座屹立了1200多年的世界大佛的进一步维修保护工作，正在逐步展开。

大佛造型庄严，设计巧妙，排水设施隐而不见，使它历经千年风霜，至今仍然安坐在滔滔江水之畔，静观人间的沧海桑田，具有很高的艺术价值和丰富的文化内涵，是中华民族的文化瑰宝，是世界历史文化的宝贵遗产。

二、乌尤寺概述

乌尤山与凌云山并肩立于岷江之滨，四面环水，如一堆碧玉浮于江水之中。山上有创建于盛唐的乌尤寺，寺内现存七座殿堂，寺周林木葱笼，尤显幽雅谧静。寺内尔雅台是汉代文字家郭舍人注释《尔雅》的地方。近年，发现了以乌尤山、凌云山、龟城山构成的乐山巨形睡佛景观。巨型卧佛的发现，为大佛景区更添魅力。

第四章　云南省野外实践教学

云南省位于我国西南地区，环境优美。本章讲述的内容为云南省的概况、云南省自然地理、云南省人文地理等，旨在通过讲解介绍地理科学专业在云南实习理论和实践。

第一节　云南省概况

一、自然概况

云南省（以下简称"云南"）地处中国西南边陲，是一个美丽富饶的边疆省份。北与四川相连，西北一隅与西藏自治区相接，东与贵州省和广西壮族自治区毗邻，北面是四川省，西部与西南部与缅甸接壤，南面和东南面是老挝和越南。全省面积约 394 000 平方千米，位于北纬 21°8′30″~29°15′8″，东经 97°31′39″~106°11′47″，北回归线贯穿云南省南部。

云南省是一个雄伟的高原，境内地势高耸，呈北高南低的倾斜。由于在第三纪末到第四纪初以来经历了大规模的隆升和深刻的高原解体过程，其内部山岳高耸，河谷深嵌，地貌结构十分复杂。云南省所处纬度较低，其气候深受印度洋西南季风和西风环流季节交替的影响，具有浓厚的南亚季风气候的特色，干、湿季分明而年温差较小，但东部也兼受东亚季风的一些影响，并且具有高原气候的太阳辐射强烈、日温差大等特点。由于地貌复杂，使得省内热、水、土等条件的空间差异十分突出，形成了云南植被发育复杂多样的自然环境。

云南四周连接着自然条件和植被都极不相同的区域。云南的东面和北面是处于东亚季风影响下广大的亚热带常绿阔叶林区域；西面与南亚次大陆的季风热带相邻近；云南西北部，已处于"世界屋脊"西藏高原的东南边缘，而云南的南面和东南面则与东南亚的季风热带雨林和季风雨林区域相连接。

云南境内植物种类繁多，植被类型多样，分布错综复杂，植物资源十分丰富，向有"植物王国"之称，这都是与其自然条件的特点有着十分密切关系的。

各种植被类型都是在一定自然环境条件下形成和发育的，其现有分布也就是综合的自然条件的最好标志。各类植被不仅反映了自然环境的一般特点，而且也从主要的方面反映了自然环境及植被本身的生产潜力。通过植被的类型及其分布特点的全面认识，将有助于更为充分和合理地利用植被及与其有关的自然资源。

云南省是一个山峦起伏的高原山区，素来以自然环境复杂多样、植物种类丰富多彩而著称。热带季风对全境的影响，北高南低的高原地势，加之大小河流纵横切割，地形错综变化，生态环境极为多样。因而，植被类型众多，特征各异，在分布上的交错、镶嵌现象相当普遍，与四周国内外邻近地区植被的连接方式也是极其多样的。

多山的高原地貌与热带季风的影响，是云南景观形成的两个基本因素，也是决定云南植被的不同类型及其分布的两个基本因素。云南各主要植被类型的特点及其组合状况，与我国东部同纬度地区既有区别，又相互对应；与南亚和东南亚地区既有联系，又有一定的差异。再加以和青藏高原东南部的连接，情况更为复杂和多样。这样，在云南复杂的自然条件下，植被主要类型的性质及其分布特点所反映植被分布的规律性就成为一个有待研究的问题。

二、自然、人文的总体特点

（一）自然、人文都具有复杂多变的特点

1. 地质地貌方面

像阿庐古洞这类喀斯特地区的洞穴往往是由于可溶性岩石被溶蚀掏空形成的。云南喀斯特地貌中的洞穴、地下河却出现在非石灰岩地区，在花岗岩、玄武岩、片麻岩地区分别存在侵蚀漏斗、地下河、地下洞。据统计，云南共有温泉706处，其中温度最高的达到105 ℃（一般温度超过85 ℃的称为高温泉水），而云南温泉的独特之处就是有许多怪泉，如盐泉、碱泉、药泉、毒泉。金平有一怪泉，看似平常，当地的彝族、哈尼族村民用此泉水做饭，无论何种米，煮出的饭都是粉红色的，香味甘甜。

2. 气温方面

从玉龙雪山最高峰至虎跳峡温度变化极大，在虎跳峡，气候炎热，汗流夹背，而到了玉龙雪山顶，却是终年积雪，气候寒冷。

3. 作物方面

从蔓耗至斗母阁至开远，作物从热带的椰子到南亚热带的桫椤到中亚热带的烤烟，变化十分迅速。

4. 民族风情方面

随着区域的变动，民族、习俗也有很快、很大、很复杂的变化。

（二）自然、人文均具有多样性的特点

1. 在自然资源方面

云南资源丰富，是一座世界上为数不多的活生生的大自然博物馆，以"动物王国""植物王国""天然花园""有色金属王国""生物物种基因库"等美称享誉中外。全国共有高等植物 28 000 多种，而云南就拥有 14 000~18 000 种。高原草甸上的花色极为繁盛，有"五花草甸"之美称。大象、野牛、长臂猿等珍稀动物，在昆明都有分布。云南还拥有全国全部的 11 种蝴蝶。

粮食作物和经济作物也是多种多样。仅油料作物就有大豆、花生、油菜，以及多种木本油料（其产油量与纯猪油相似）。由于地处热带、亚热带，气候适宜，云南拥有各式各样的热带水果以及品种繁多的名花异草。

丰富的自然资源造就了云南多姿的旅游资源。多姿的峰林，奇特的溶洞，壮观的瀑布，巍峨的雪山，汹涌的江河，恬静的湖泊，茂密的森林，多娇的花卉，美丽的自然景观和神奇的人文风俗吸引了海内外的游客来到这片深邃而富有魅力的土地，可惜的是，由于云南的经济实力还不够雄厚，这些资源还没有得到完全的开发。

2. 在人文风情方面

云南居住着 52 个民族，形成了它得天独厚的人文景观。由于结合了各个少数民族的特色，使得许多看似平凡的事物在云南也显得多姿多彩。譬如桥，云南就有铁索桥、藤索桥、珠索桥、溜索桥（它又分为平溜桥和陡溜桥两种）等许多种类。而建筑作为流动的音符、一个地区标志性的景观，在云南更是千姿百态，令人目不暇接，如纳西族的木棱房（整个建筑全部以木料为建筑材料）、白族的三房一照壁、藏族的碉堡房、傣族的竹楼，以及蘑菇房、悬空楼等等。

（三）自然、人文均具有明显的过渡性的特点

1. 在自然要素方面

云南四周连接着自然条件极不相同的区域，云南的东面和北面是处于东亚季风影响下广大的亚热带常绿阔叶林区域；西面与南亚次大陆的季风热带相邻近；

云南西北部，已处于"世界屋脊"西藏高原的东南边缘；而云南的南面和东南面则与东南亚的季风热带雨林和季雨林区域相连接。云南正位于自然条件与植被特点都各不相同的这些区域的连接部位，因而成为各种自然要素的过渡地带。云南境内植物种类繁多，植被类型多样，分布错综复杂，植被资源十分丰富，这都是与其自然条件的特点有着十分密切关系的。

又如，在全国的绝大多数省区内，若一旦遭遇到自然灾害，则一般总会波及全省。但在云南则不然，由于地处过渡地带，云南的灾情是年年遭灾，年年无大灾，可以说云南省每年会遭遇各式各样的灾害，但从未有哪一种灾情会在云南全省内出现。例如在河庆冰雹很多，而邻近的大理则全然不受影响。这也从一个侧面说明云南省自然现象具有很强的过渡性。

2. 人文经济方面

云南拥有 52 个民族，各民族在民俗风情方面也是相互交叉，相互渗透，形成一种你中有我，我中有你的局面。例如纳西族的舞风楼，就兼汉族、白族、藏族、本族的文化特色为一体。

此外云南南边靠近中南半岛，北边靠近青藏高原，西边靠近南亚次大陆，东边为我国的核心地区。云南是地处沿海开放城市与西部欠发达地区的过渡省份，其东部有很多改革开放较早、经济较发达的城市，而其西部则是一些比较封闭、欠发达的地区，云南作为它们之间的过渡省份，在思想观念、生活方式等各方面都不可避免地有所交叉、串联。

总之，由于许多本地的、外来的、特殊的因素汇集于此，使得云南的人文及自然现象呈现出多元化、过渡性的特点。

（四）自然、人文均具有一定程度的脆弱性的特点

云南虽然是一个资源丰富的省份，但是云南有许多资源的可利用程度都比较低，它们有的开发难度较高，有的被破坏后无法恢复，有的开发后不利于人地关系的协调。

就植物而言，由于许多植物一旦被破坏就很难再生（如金花茶），所以虽然现在云南的森林覆盖率在不断地上升，但同过去种类丰富的森林植被相比，次生林的种类过于单一的状况已不可避免地出现了。

在云南动物也面临同样的情况，如长臂猿、犀牛、大象等。它们一旦被捕杀，数目就会锐减并且很难再恢复。如全国共有 5 种长臂猿，云南就有 4 种，但解放之初，云南拥有长臂猿 9 万多只，而至 1983 年，长臂猿总数锐减至 1000 以下。

野生象的数目也减少了不少，为数不多的几头在西双版纳，如继续破坏生态环境，那么野生动物就会面临灭绝的威胁。

目前云南有很多民族还非常原始，有的甚至还处于母系社会，有的刚刚步入父系社会初期（如独龙族），有的商业建筑还未成街。这些民族由于人口少、分布又相对集中，只要有外来帮助，极有可能使他们在短时间内一步登天，从原始社会直接进入现代文明社会。但问题是发展是不可逆的，若他们发展起来了，那么原始社会的活标本就会消失，要知道村民们一旦过上现代生活，就不愿回到过去的生活方式，我们就只能在博物馆中见到这些消失了的原始文明。当然发展是必然的，但是究竟要如何发展，如何寻找到发展与保存之间的平衡点，是一个值得深思的问题。

在云南我们亲身感受到了被严重污染的滇池。在滇池中航行，随处可见绿色的湖水，以及飘荡着的用于治理蓝藻的水葫芦。这是由于水中污染物排放过多，氮、磷含量过高，促使蓝藻异常繁殖、死亡，使得水中的有机质含量大大提高，当水中蓝藻含量超过湖水的自净能力时，就会导致严重的水质污染。

总之，对于云南自然和人文资源上的种种脆弱性，我们应该坚持两条最基本的原则，那就是：对于可再生资源，要保证一定的繁殖速度；对于那些不可再生的资源，我们一定要适当利用并加以严格的保护措施，不要待它灭绝后，才悔之晚矣。

（五）自然、经济都具有水平偏低，但条件好、潜力较大的特点

毫不夸张地说，倘若云南省对其省内的各种资源进行合理的利用，它的发展水平会超过全国绝大多数其他省份。

以植被为例，100年以前云南山地的植被覆盖率为70%~80%，至解放初减少为50%，而现在仅约为25%，减少为解放初的一半。倘若我们仔细探究一番，就会发现，这个数字背后蕴藏着巨大的财富。由于森林面积的大量减少使得云南的荒山、荒地占据了相当大的面积。若我们用这些荒地的15%种植水稻等经济作物，60%种植各种绿色植被，那么云南省的森林覆盖率就会翻一番，待这些植被长成后，每年有计划地消耗5%的森林（约2万平方千米），就会有300多亿的收入，则仅靠木材收入一项，云南省完全可以富起来。如果把剩余的15%的荒地用作畜牧业，那么所产的肉、蛋、奶不仅可以解决云南自身的需要，而且还可以输送全国其他城市。同时，大量森林的恢复也会带来动物数目的增加，不论是动物还是植物，对一些珍贵品种的出售或采、压标本也是一笔可观的收入。但是目前，云

南省的植被状况却令人担忧，由于开发意识较差，有许多农民以原始森林为代价，换取粮食的大丰收，这种掠夺式的发展不但有损当地的经济发展（须知合理利用原始森林所获得的财富远大于种植相应面积的粮食），而且严重破坏了人地关系。无论云南的自然资源如何丰富，只要这种掠夺式利用资源的情况继续下去，总有一天云南也会成荒漠化地区。

所以，如何树立正确的开发意识，注重协调发展。只顾眼前利益，仗着自己拥有丰富的资源而不知珍惜，一味地只知索取，也是目前云南资源利用中的一个大问题。

第二节　云南省自然地理

一、地质地貌

（一）构造地貌

1. 云南地貌的形成

云南复杂的地貌现状，是本区地貌发育漫长历史的产物。决定云南现今地貌特点的地貌发育历史，主要是高原面形成和解体的过程。其形成的主要脉络为：

漫长夷平作用所形成的云南准平原、构造抬升而形成的云南高原加上高原面抬升的同时，各种因素综合作用所形成的高原面解体过程造就了云南复杂的地貌现状。

（1）夷平过程

云南省就整体而言是一个雄伟的高原。高原是大面积构造隆起抬升过程中因外动力侵蚀切割微弱的结果。在这一抬升以前，不论过去地壳发展历史如何，地面一般都经过中生代后期和早新生代的构造宁静和遭受侵蚀的时期，形成低缓的准平原。云南准平原就是从中生代的燕山运动以后，一直延续到新生代的第三纪的中新世时期，云南大地在经历了漫长的夷平作用过程后，形成的广大的夷平面。

（2）抬升过程

云南高原是自上新世晚期到更新世开始，由于大规模的构造抬升而形成的。这个抬升过程奠定了云南现今地貌的总轮廓。但这个抬升过程是不等的，且抬升过程是间歇性的，总的来说，抬升过程从北向南减少，这决定了云南地势北高南低的总的倾斜。其中，云南南部，在这个抬升阶段中可能有一个较长时期的稳定，经历了一个新的剥夷过程，又形成了现今云南南部的低一级夷平面。因此，现在的云南高原地貌是由两级夷平面所构成：第一级夷平面分布很广，一般高程级2000~2500米左右，呈北高南低的倾斜；第二级夷平面一般高程级1200~1400米，主要见于滇南和滇东南的边沿地区。这两级夷平面构成云南地形的基本骨架。

（3）高原面解体过程

在高原面抬升的同时，又发生了十分复杂的高原面解体过程，这个过程包括了这几个方面。

由于水系的下切和溯蚀，改变了高原面原有的夷平面形态，形成了丘陵状高原面和分割高原面两种基本形态。丘陵状高原面的地表呈丘陵状起伏，是高原保存尚属完整，和较少受到现代水系分割的部分；分割高原面，则因受到水系较强烈的分割，解体为地势起伏较大的"山原"地貌，在这里有看不到尽头的群山，它们的山顶正好可以连成大致齐一的平面，显示出它们被分割之前，正是一个大致平整的夷平面。我们在考察过程中，在红河下游的哀牢山附近，就看到了图示现象：一条大河穿越流淌于一个个相同高度的连续的小山包之间。

古夷平面的抬升幅度是不等量的，从北向南减少。这种不等量性不但形成了云南地势成北高南低总的倾斜，而且还突出表现为构造抬升过程中，断裂运动也十分活跃，断块之间垂直向的差别运动，又使得原先大致均一的古夷平面分解，成为现在在高程上有明显的局部差别的不同部分，使得地面的倾斜方向和倾斜程度发生了变化。

在高原面的抬升和解体过程中，地貌的发育过程不可避免地承袭了区域地质历史的深刻影响。本区自西向东有怒江断裂、澜沧江深断裂、红河深断裂、安宁河—龙川江断裂、滇东平行断裂带等一系列的大断裂，它们对云南境内主要的山脉，河流的走向有着明显的控制作用。这些主要为近南北走向的构造线十分发达，也是云南高原上盆地和湖盆多呈近南北走向的重要原因。

上述这些复杂的作用和过程的总和，影响着外营力的作用过程。水系不断地适应着改变中的地势斜坡，并受着构造线的指引，活跃地改变着高原的地表形态。虽然高原面在抬升以后经历了长期的、复杂的、深刻的解体过程，但古夷平面的残迹仍然是随处可以辨识的：无论在岩性比较单一的地区，或是结构复杂、岩性差异很大的地区；不论现在地表起伏较为缓和的滇中高原，还是在地表起伏较大的滇西高原、滇西北横断山区，都有明显的表现。我们在去石林途中见到的陆良坝子就是滇中高原上的古夷平面。

2.云南地貌形态的基本特点

从高空俯视，云南大地就像一个巨大的半圆形台阶，自北向南呈阶梯状逐渐下降，最高处的是滇西北海拔 6740 米的怒山山脉主峰卡格博峰，终年白雪皑皑；最低端的是滇南与越南交界的河口县元江出境处，海拔仅 76.4 米，常年阳光明媚，青翠苍郁，两地直线距离约 900 千米，海拔高差竟达 6663.6 米。滇东高原上广泛分布的石灰岩地层，造就了林立的奇石，多姿的峰林，奇特的溶洞，壮观的叠水瀑布。滇西横断山脉系青藏高原南延部分，高黎贡山、云岭山脉，巍峨神奇，深邃陡峻，高耸入云，直刺苍穹。大山之间，金沙江、澜沧江、怒江，汹涌奔腾，形成了世界闻名的高山峡谷地貌。

（1）地势呈北高南低倾斜，从南到北逐级作梯层式下降。

在滇西北的德钦附近在 4000 米左右；中甸附近约 3400 米；丽江铁架山一带的古夷平面约为 3000 米；禄劝北部撒营盘附近约为 2700 米；云南中部的武定狮子山，祥云与云南驿之间的天子朝坡以及昆明附近残存的古夷平面高程约为 2400~2600 米，山间盆地高程在 2000 米以下。由此向东、南、西三个方向，高原地势都有逐渐平缓倾斜下降之势：在滇东的富源附近，丘陵状高原面高程约为 2000~2100 米；在滇西的保山，昌宁一带分割高原面约为 2000 米；到龙陵，班洪一带降低到 1800 米；往南，在景东和思茅之间山地高程约为 1700~2000 米，山间盆地高程多为 1300~1500 米。海拔在思茅以南为 500~800 米。东南部边缘因夷平面受现代河流的强烈切割，谷地的海拔更低，盘龙江下游的船头为 320 米，南溪河下游的南溪仅为 180 米，红河下游的河口附近只有 84 米。

（2）云南地貌具有复杂的多层次的切割高原特点，共有以下一些明显的基本层次。

①高原面和山间盆地

高原面是指在地貌发生上属于古夷平面的组成部分，现在或为丘陵状的高原面，或为分割的高原面（山原）山间盆地是高原面内部主要由于局部拗陷和断陷的构造因素和外力剥蚀因素所形成的负向的地貌形态，这些负向的地形内部，常有近期的河流和湖泊和其他来源的松散堆积物覆盖层，它们是高原面解体过程的产物，但可以看作是高原面的组成部分。这种山间盆地又被称为高盆地，它的四周往往有 2~3 级的阶地分布，盆地与其他周围的丘陵状山地之间相对高度一般为 200~300 米，很少超过 500 米。从昆明向西到大理附近，从昆明向东到富源之间，直线距离 400 多千米的广大范围内，基本上就是丘陵状的高原地貌形态，其间山间盆地数量很多。如昆明、陆良、沾益、曲靖、嵩明、宣威、玉溪、祥云、弥渡等，都是本区面积超过 100 平方千米较大的山间盆地。这些盆地大都是断裂下陷所致，但有些盆地是河流沿着老断层所产生的软弱带两侧长期侵蚀的结果，有的间有溶蚀成因。

②高原面以上的高耸山地

是指在古夷平面解体过程中，由于新构造运动的断裂和隆起，而被抬升到远远高出于高原面通常高度以上的雄伟山体。如滇西北的丽江玉龙山（海拔 5596 米），远高于附近的高原面约达 3000 米左右。其他如滇西剑川的老君山（4402 米）、大理的点苍山（4122 米）、滇东北普渡河以东的落雪大山（4200 米）、巧家与昭通间的大药山（4040 米）、滇中南景东的无量山（3254 米）、滇西的镇康大雪山（3504 米）等高出周围的高原面都达 1500 米左右。

③深嵌于高原面以下的河谷

深嵌于高原面以下的河谷，对高原地貌具有显著的分割作用，这是云南地貌的另一突出特点。怒江、澜沧江、红河、金沙江、南盘江、普渡河、龙川江、阿墨江、把边江、枯柯河等都形成切割很深的河谷。

（3）全省的地貌，按其形态结构的明显差别，可以大致区分为以下几个部分。

按照高原面解体的进程及其表现特点，云南省内可以大致沿点苍山—哀牢山为界划分为两大部分。

此界以东，地貌以丘陵状高原为主，地势起伏较为和缓，高原盆地较多，而高山深谷很少。这一范围内又可大致以沿昆明—河口线铁路为界划分为东西两部分。东部为石灰岩岩溶高原，西部为滇中的断陷湖盆高原。

点苍山—哀牢山一线以西的西南部分是分割得较为破碎的山原地貌。本区的南缘和东南、西南边沿分布较广的第二级古夷平面受到各大河流及其两侧支流的强烈分割，开拓出众多的宽谷盆地，形成山间盆地的地貌。云南西北部因构造抬升幅度很大，怒江、澜沧江、金沙江并列南下，下切成十分雄伟的大峡谷，高山雪峰与深嵌的大峡谷相间并列，构成横断山脉的主体。滇东北为高山山原峡谷地貌，构成乌蒙山脉西支的落雪大山、大药山，五莲山等隔金沙江与川西山地相望，金沙江、普渡河、小江、牛栏江等峡谷深嵌其间，地势颇为崎岖。

（二）河流地貌

1.河流

云南省境内，分布着大大小小 600 多条河流，它们有的源远流长，流经数省乃至数国，有的较为短小，仅在省内便汇入干流，它们分属金沙江、澜沧江、怒江、红河、南盘江、伊洛瓦底江六大水系，分别流入东海、南海、安达曼海。云南河流水系结构复杂，它们多数为山地型河流，河床陡窄，水流湍急，落差大，瀑布多。

云南地貌的一个突出特点就是深嵌于高原面以下的纵横交错的河谷，对高原地貌具有显著的分割作用。这许多深切的河谷，一般都呈峡谷的形态。局部河段两侧开展为稍宽的盆地，可成为低盆地和新盆地。这些河谷的底部与高原面之间通常都有很大的高差。在滇西北，这种高差通常在 1000 米以上；在云南中部约在 1000 米左右；在南部也在 500 米以上。河谷底部盆地内通常有多级阶地发育，堆积物发育，堆积物质的质地大都较为粗疏。深切的大河谷，其发育大都受到大断裂构造的指引和控制。而且，由于断裂有利于干流的下切，而支流的下切速度远落后于干流，其对高原面的分割程度也远不及干流剧烈。故这些大河谷之间仍有局部的谷间高原残存。以下详细陈述我们的考察内容。

（1）大叠水

①流水侵蚀的演化过程。

幼年期：被抬升后初期地貌景观如同一些有轻度河流作用的高原，只有很稀疏的短小河流，河谷不深，谷地狭窄。河流之间有开阔平坦的高地，地面排水不佳，常有湖泊沼泽。以后，随河流深切、水系加密，地面被强烈分割，形成如同一些大型山脉内部的高山深谷景观。这是河流比降最大，如切过硬岩地段，有瀑布或急流，河谷横剖面呈 V 形谷，谷地狭窄，无河漫滩，谷坡陡峻。原先河谷江的开阔高地被分割成起伏很大的山岭。

壮年期：壮年期内，河流纵剖面先后达到平衡剖面。首先是干流趋于平衡状态，经侧蚀拓宽，谷地开始发育自由曲留和河漫滩，随之各级支流也相继出现这种现象。在壮年期，抬升以前原始高地面全被蚀去，块体运动与坡面冲刷，使整个山脊高度降低，地形起伏越趋和缓，变为低丘宽谷，并广泛发育风化壳。

老年期：这个时期的河谷更加拓宽，河流蜿蜒曲折于宽阔的河漫滩上。分水岭因坡面冲刷和缓慢的风化碎屑物蠕动，变得更加和缓，最后形成波状起伏的准平原，略高于侵蚀基准面。在准平原上仅有一些抗蚀性能强的坚硬岩石组成孤立的丘地，成为蚀余山。

②大叠水的形态及成因

大叠水是一个在南盘江中的瀑布（叠水是云南瀑布的土名）。南盘江是珠江的正源，是云南的一条重要水系，整个河流在上游时河床浅，中游时水开始深切，下游时水更加深切。大叠水是南盘江流下遇到的第一道坎，瀑布高 30 多米，是高原边缘河流侵蚀过程中暂时保留高差的情况。

在这里我们可以观察到河流向源侵蚀的现象。向源侵蚀即向源头的后退侵蚀，亦称溯源侵蚀。一般是河流下蚀作用在源头或河床坡度突然转折处（瀑布、裂点）向上发展的结果。而在此处由于跌水处水流垂直跌落的强烈掏蚀作用造成陡坎上岩层的迅速崩塌，以及河流的侵蚀，溶蚀作用使河流逐渐切深，并延至坝子（在云南一些小的平原又称坝子），当切至源头时，侵蚀裂点便会消失，这样，河流上游形成峡谷，而在向源侵蚀过程中，由于下游河谷不断受到下蚀作用，从而不断地得到加深，形成 V 型河谷。这就是为什么一般的河流上游为 V 型谷，下游为 U 型谷，而山地河流正与此相反，上游河谷浅、宽、弯曲，下游河谷深切，以 V 型谷为主的原因。

总之，南盘江的河流形成过程是符合一般河流形成过程的。在大叠水附近发生的向源侵蚀，即向源头的后退侵蚀，实际上是河流下蚀作用在源头或河床突然转折处（瀑布、裂点）向上发展的结果。

（2）珠江源

①珠江概况

珠江是我国仅次于长江、黄河的第三大河流，发源地为马雄山，跨越滇、黔、桂、粤四省。流长 2214 千米，流域面积 453 700 平方千米，年平均水量 3400 亿立方米。

②对于河流源头成因的看法

认为板块碰撞的缝合线上开始发育河流，河流开始时由地质作用开凿出来。河流的起源是浅洼地，但以后往往发育成支流，相反，能够形成主流的是反常的地下河（溶洞）。

③珠江源的地质地貌特征

珠江源出水洞的性质为溶洞（地下洞）洞口两侧的岩石为茅口组的石灰岩，其碳酸盐的含量超过 50%。这组石灰岩的裂隙、层理发育较好，使得降水、裂隙水能在其中流动。珠江源的溶洞中还有钟乳石。关于珠江源头水的来源，主要有两方面：降水通过岩石中的裂隙流动，给予珠江源季节性补给；由于压力作用，地下水顺着裂隙上升，不断补给地下河，此为连续性补给。

④珠江支流南盘江混浊不堪的原因

珠江源头的水十分清澈，而其支流南盘江却混浊不堪，原因有自然因素，也有人为因素。自然方面：由于珠江在流动过程中，经过不同河床，使得水色发生变化，在大叠水处变为红色。人为方面：主要是人为的污水大量排入造成，其次是乱砍滥伐造成水土流失，使大量泥沙被江水携带而下。

（3）金沙江

①金沙江概况

金沙江是指长江上游自四川省、西藏自治区边境的巴塘河口至宜宾市的一段，长江的源头在唐古拉山主峰——各拉丹东。这里冰川高悬，冰塔林立，冰雪融水的涓涓细流哺育了长江的最上源——沱沱河。沱沱河以下称为通天河。通天河在玉树附近，流出青海省境始称金沙江。金沙江的支流有无量河、雅砻江、普渡河、牛栏江、横江等。金沙江接纳支流的河水，流量大增。自源头至宜宾，长约3500千米，落差竟达到6000多米，几乎占长江总落差的90%。金沙江奔腾在川、藏边境沙鲁里山和宁静山间，由于板块碰撞，使得金沙江有多个转折，在几经曲折后，金沙江流入四川省。

②金沙江特征

金沙江在云南境内多是宽谷型的。我们考察的河段是在中甸、丽江两个县的交界处。江面宽在100米以上，两面是高山，一面是玉龙雪山，海拔5596米，一面是哈巴雪山，海拔5396米。中间夹着的金沙江，在两山的胁迫下，落差大，水流湍急。

河流两岸是阶地，偏下的部分是河漫滩，在山口附近有洪积扇。洪积扇的成因主要是：自沟谷出山口后，坡降骤减，沟谷水流所携带的物质大量堆积，形成了以沟口为顶点的冲出锥或洪积扇。每当暴雨或冰雪大量融化时，巨大的洪流流出山口后，迅速展开成辐射状散流，加上一部分水渗入地下，水流搬运能力随之大减，大量砾石、泥沙发生沉积，形成一个以沟口为中心的半圆形山状堆积体，称之为洪积扇。其面积可达数十至数千平方千米。山顶与沟口相连，坡度较大，倾角可达5°~10°，向边缘坡度逐渐减少。洪积扇组成物质具有明显的分布规律，从扇顶到扇缘，可分为：扇顶相，位于洪积扇顶部，通常表现为舌状叠覆的砾石堆积体；扇中相，位于洪积扇中部，组成物质较扇顶为细，主要由砾石、砂和粉砂组成；扇缘相，位于洪积扇边缘部分，组成物质较细，由亚沙土、亚黏土组成。正是由于洪积扇上粗下细的特点，下部往往被利用耕种，此地也不例外，可见人与自然不能分割，人的发展依托于自然环境。

（4）虎跳峡

①虎跳峡概况

金沙江流入云南省内的丽江纳西族自治区和中甸县后，从海拔5596米的丽江玉龙雪山和海拔5396米的中甸哈巴雪山间穿崖劈壁急流而下，形成高差达

3600多米的闻名世界的大峡谷——虎跳峡，共长16千米，最窄处不足30米。在这陡峭绝壁上的一段江面上，卧有一块搏击激浪的磐石，民间传说，古时曾有猛虎从这江心石跃过江面，到达江对岸，纳西语叫做"拉磋鞏空"，意思是猛虎跳跃而过的渡口，虎跳峡因此而得名。

②虎跳峡的河谷地貌及特点

山区河流开始发展阶段，河流坡降较大，下蚀作用强烈，往往形成深峡的峡谷，谷底常见急流、瀑布和壶穴。由于沿谷谷坡岩性强弱和块体运动发展程度的不同，谷地形态显有差异；按形态，可分为陷谷和V形谷。陷谷谷底狭隘，全为河床所占，谷坡直立，它属于河流下蚀作用塑造的地形。V形峡谷谷底比较开阔，两侧为倾斜谷坡，坡麓常有倒石堆，谷顶间距远大于谷地宽度。虎跳峡属于陷谷形的河谷，上部为宽谷段，下部为窄谷段，谷底十分狭窄，大约只有20米，由金沙江流经此地时强烈下切而形成。虎跳峡的河谷特点有两个：

首先是形成深切的主要原因是两岸与河底岩性的不一致。虎跳峡两岸的岩石以灰岩等抗侵蚀能力较强的岩石为主，河流侧蚀作用较弱，而河底则以岩性较弱的岩石为主，有利于河流的下切。同时在上游地区较常见的嵌入流区现象也是造成虎跳峡深切的原因之一，即当河流沿着老径流流动时，侧向切力小于纵向切力，故使得河流不断地下切，形成嵌入流区。

其次是河流呈"之"字形深切，水中携带的泥沙越少，动能就越大，虎跳峡位于金沙江的上游，泥沙含量相对较少，因此动能很大，河流对河床组成物质越疏散的地方下切得十分厉害，并在流动的过程中，不断形成凹凸岸。再加上处于北半球，地球科氏力的作用使河流右偏，向右侵蚀，加剧了河流的左右弯曲。在这两个外因作用下，金沙江在此河段呈"之"字形强烈下切，湍流前行。

因此整个河流的发育过程是：上游河流两面的高山质地坚硬，河流下切为主，侧蚀力量弱，形成上游陡、峡谷多、比降大的河流地貌。在河流往下游流动的过程中，由于地势变坦，携带泥沙加多，流速减慢，下蚀强度减弱，侧蚀相对加强，直至到达下游，侧蚀、下蚀都减弱，河流以堆积为主。

（5）长江第一湾

①河流袭夺

河流袭夺是指：河流在发育过程中夺取邻河上游的现象。由于相邻两河的溯源侵蚀，分水岭逐渐降低、移动，河床较低、水量较大的一河因为深蚀和源蚀的能力均较强，先切穿分水岭，把邻河上游夺为自己的支流。其中被夺河在袭夺湾（袭夺点）以下的河段称为断头河。

②长江第一湾

金沙江石鼓以上河床北北西流向，至石鼓附近突然折向北东，至三股水又折向北北东，形成了奇特的锐湾，称为"长江第一湾"。

长江第一湾其成因是在第三纪时金沙江循白汉场古谷南流，金沙江与长江的分水岭在玉龙山附近，早更新世至中更新世，因为玉龙雪山与川滇之间的山地强烈上升，它们同四川盆地之间的相对高度大大增加，伴随着上升运动，发生了一系列断裂，使长江的溯源侵蚀增加，并且更有利于沿着断裂进行溯源侵蚀。中更新世，长江的溯源侵蚀切穿了玉龙雪山分水岭，在三股水袭夺了金沙江，形成了袭夺湾——"长江第一湾"。前面已经提到，断头河中有时保留来自袭夺前的上游河段的砾石，这是证实河流袭夺的有力证据，在我们考察的石鼓前方地区就有一组砾石存在。

（6）冲积河床的平面形态

①冲积河床的平面形态

在冲击河流的河床上，分布着各种形态的泥沙堆积体，高程在平水位以下的，统称为浅滩。浅滩的地貌形态有：边滩、心滩、沙埂等。边滩与河床相接，在枯水期露出水面。它主要分布在宽浅河床的岸边，展宽河段两侧的回流区和弯曲河段的凸岸边。心滩位于河心，主要分布在束窄河段上游的壅水区、迅速展宽的河段，或有支流汇入的河段。洪水期心滩被淹没，表面沉积大量较细泥沙，使其不断淤高。当其高程超过平水位时，它就转变为江心州。如河床迁移，江心州便靠岸并入河漫滩。沙埂是连接边滩与边滩或边滩与心滩的水下堆积体，它割断了上下深槽。因其水深较浅，枯水期往往成为航行障碍，故又称为航道浅滩。浅滩之间，水深较大的河槽部分称为深槽。浅滩与深槽交替分布，使河床上出现纵向波状起伏的微地形。

②虎跳峡的出口属多冈河的小河口地貌

属多冈河是暂时积水面，在此处主流与支流汇合，水流变缓，沉积物大量沉积。随着边滩、心滩的加多，河流分道，网状水系发展，水系纵横交错，河流流速变缓，泥沙物质大量沉积，心滩、河漫滩、边滩等均可见到。

③牛轭湖

当弯曲河床发展到一定阶段，上、下两个反向河湾按某个固定点，呈 S 形向两侧扩展，河曲颈部越来越窄，当水流冲溃河曲颈部后便引起自然裁弯取直，废弃的旧曲流便逐渐淤塞衰亡，成为牛轭湖。在虎跳峡出口处，也存在由于河流截弯取直而形成的牛轭湖。

2. 湖泊

云南的湖泊多为断陷湖泊，主要因断层陷落而成，一般具有形状狭长，岸陡底部较平等特点。云南的湖泊，全部分布在海拔 1000 米以上的高原区，积水面积约 1100 平方千米，蓄水量约 2900 亿立方米，多为淡水湖。其中面积最大的是滇池，约 300 平方千米，最深的是抚仙湖，最深处达 155 米，海拔最高的湖泊是德钦的那错海，海拔达 4960 米，湖水透明度最高的是泸沽湖，透明度达 12 米。

（1）滇池

①滇池概况

滇池位于昆明郊区，西山脚下。在西山上伏看整个滇池，会发现在其边缘形成类似于鸟足状的三角洲的河流地貌，说明其形状与大海很相似。滇池又分为外海和内海（在西南地区，湖泊都叫作海子）。

②滇池成因

昆明地处云贵高原西部，由于地形的整体抬升，而同时中间地区的抬升速度相对边缘地区较慢，故造成昆明中部地区的相对陷落，此陷落地区即滇池。

③滇池地貌特征

滇池地区地形缓慢抬升，山的起伏和缓，相对高差较小（如西山最高处为 2610 米，而最低处为 1850 米，相对高差类仅 760 米，这在昆明来说，它可算是一座低山了），故整个滇池的地形类似于一张倾斜的桌面。

④滇池水源

滇池的水源是由四周山地水汇集而成，其中有 20 余条大河流，而盘龙江为其最大上游河流。

⑤滇池现状

滇池是金沙江上游的一级支流、长江的二级支流，同时它也是三江支流的上游交汇处。滇池刚刚形成时，面积有 1000 多平方千米。人类在其周围建起城市，在下游修建出口，在上游修建水库，对滇池围海造田，这一切人为的改造，使滇池深度减少 100 米，面积减少了 2/3，现在的滇池面积 300 平方千米（这完全是人为影响的结果），平均水深 4~5 米，最大水深为 10.9 米，而边缘深度不到 1 米，整个滇池的水底地形类似于一个大浴缸。

（2）洱海

①洱海概况

洱海地处大理北部，实为湖泊，因形状象耳而得名，为云南第二大湖。总面积 240 平方千米，平均水深 10.5 米，最深处达 21 米多，洱海不是云南最深的湖泊（最深的是抚仙湖，最深处达 155 米），属于中等偏浅的湖泊。

②洱海成因

洱海是断层陷落形成的，与滇池相似。在第三纪喜玛拉雅造山运动高原抬升的过程中，发生断裂、下陷，形成今日的洱海。

③洱海地貌特征

湖泊相对东岸浅，西岸深。东岸沙嘴、沙洲较少，多侵蚀性地貌，如湖蚀平台，湖蚀穴；而西岸在沙嘴沙洲较多。越靠近两岸沉积物越多。由于洱海是陷落形成，因此在边缘有 50~60 米浅水带，但它很快就消失，接着是一个有 10 多米高差的陡坡，最后再缓缓变深。湖底呈槽状，湖底东部有一穴状的深陷。

④洱海水源

主要为四周山地的大溪江水以及冰川融雪和大气降水。北岸的弥直河、两条小河、苍山十八溪是洱海的水源。正是由于这种补给情况，洱海的水质、颜色、透明度等都较滇池好。

⑤洱海两岸地貌形态

云南以洱海—点苍山为界分为东西两部分。苍山—洱海以东，起伏和缓，大坝子多，有湖泊；以西，山高谷深（即山的高差大），故云南名山均位于西部。同时，由于东岸为岩状，而西岸苍山有大量堆积物，除了洪积扇外还有沙嘴，故西岸相对东岸要浅一些。

⑥洱海两岸地层形态

洱海两岸的地层情况是：西老东新。西岸由于沉降得多，故地层较老一些，为苍山群。岩石的地质年代为太古代震旦纪—寒武纪，岩石多为高度变质岩。东岸由于抬升得多，故地层较新一些，为奥陶纪，岩石的地质年代为寒武纪—奥陶纪，出露区有一些灰岩。

（三）喀斯特地貌

1. 综述

（1）喀斯特地貌的概念

喀斯特地貌又称岩溶地貌，是发生在可溶性岩石地区的地貌。可溶性岩石主要是指碳酸盐类、硫酸盐类及卤盐类等岩石。凡是水对可溶性岩石以化学过程（溶解和沉淀）为主，机械过程（流水侵蚀与沉积，以及重力崩塌和堆积）为辅的破坏和改造作用，称为喀斯特作用。喀斯特地貌主要分布在石灰岩出露地区，面积超过 124 万平方千米，约占全国总面积的 13%，其中以广西、贵州和云南东部所占的面积最大，共55万平方千米，是世界上最大的喀斯特区之一。喀斯特地区蕴藏着丰富的矿产资源，尤其以砂矿为突出；奇特的地貌景观又是很好的旅游资源；地下洞穴中所埋藏的古生物和古人类化石具有重大的科学价值。但是喀斯特地区经常发生地基破裂、水库漏水和地表缺水等现象，给生产和生活带来许多弊端。

（2）喀斯特作用的基本条件

喀斯特作用是否能够进行主要取决于岩石的可溶性和水的溶解力。但是喀斯特作用的深入程度则受岩石的透水性和水的流动性的影响。因此喀斯特作用的基本条件如下。

①岩石的可溶性

岩石的可溶性主要取决于岩石的成分和岩石的结构。岩石的成分是指岩石的矿物成分和化学成分。岩石的结构是指组成岩石的矿物颗粒大小、形状、排列和岩石的胶结物质等。从成分上看，可溶性岩石可分为三类：碳酸盐类岩石（溶解度最小），硫酸盐类岩石（溶解度第二），卤盐类岩石（溶解度最大）。在结构方面，一般结晶质岩石的晶粒越小，相对溶解度就越大；不等粒结构的灰盐又比等粒结构的灰盐相对溶解度大。

②岩石的透水性

岩石的透水性影响着水向地下的渗流，岩石的透水性取决于岩石的空隙度和裂隙度。可溶性岩石的空隙度一般是很小的。对岩石透水性影响最大的是裂隙度。它的大小与岩石的构造、纯度、厚度有关。

③水的溶蚀力

水对碳酸盐的溶解主要是水中含有二氧化碳在起作用。水中二氧化碳的来源主要有三个方面：大气中的，有机成因的，无机成因的。此外水中含有的各种有机酸和无机酸也是促进岩石溶解的重要物质来源。由大气扩散入水的，其含量与温度成反比，与压力成正比。总的来说，水的溶蚀力是随着深度增加而降低的。

④水的流动性

流动的水具有增加溶蚀力的作用，而且流动的水除了溶蚀岩石外，还有机械的侵蚀作用，尤其是流量大和夹着沙粒的流水，侵蚀作用就更加明显。

2.地表喀斯特地貌

（1）筇竹寺地区的喀斯特地貌

在筇竹寺地区，我们看到的喀斯特地貌主要是石芽、溶沟、溶斗、溶蚀洼地、干谷、盲谷。

①理论

地表流水沿岩石表面和裂隙流动时所溶蚀出来的石质小沟，称为溶沟。突出于溶沟之间的石脊称为石芽。溶斗按其成因，可分出溶蚀溶斗和塌陷溶斗两种类型。溶蚀漏斗是地表径流沿裂隙密集地段溶蚀而成。它的深度不大，斗壁和缓，斗缘也不明显，外形多呈蝶状。塌陷漏斗是地下的洞穴，由于受到重力作用，覆盖在洞顶山的土层或岩层，有时崩塌，造成塌陷型溶斗。当喀斯特谷地底部的溶斗呈串珠状出现时，暗示这可能有地下河存在。溶蚀洼地是一种面积较大的圆形或椭圆形的封闭洼地。它的四周多被峰林围绕，其生成一般认为是多个溶斗融合而成。当洼地底部的排水系统堵塞后，积水成为喀斯特湖。干谷和盲谷是河流作用下的谷底。其中干谷是喀斯特区往昔的河谷，但现在已经无水或仅在洪水期有水活动，成为遗留谷地。盲谷是一种死胡同式的河谷，其前方常被陡崖所挡，河水从崖下落水洞潜入地下，变为地下河。

②现象

此处有地下地貌向地上地貌演化的现象。地下溶洞由于不断地发育，使得上层顶板不断地变薄，最终导致顶板塌陷，就形成了上大下小的洼地。此处洼地中有不少突出的石芽，但由于埋藏较多，出露较少。

这里的溶斗分为两种。一种由于通往地下的裂隙被堵塞，溶斗成为小水塘甚至小湖泊，另一种则由于底部的消水道不断地把溶斗的汇水引向地下排走，为正常的溶洞地貌。

（2）路南石林

①石林概况

路南石林位于东经 103°10′~103°30′，北纬 24°40′~24°25′ 路南彝族自治县境内。区内广泛分布着泥盆纪、石炭纪、二叠纪碳酸盐岩地层。石林喀斯特景观散布在近 450 平方千米范围内，分为大石林、小石林、外石林、地下石林等几部分。喀斯特地貌形态主要有喀斯特高原面，石林，石芽原野，峰丛洼地等。

②石林喀斯特发育的几个特征

保留了高原期和古湖盆期原始地形；各种形态并存；具有多期性和继承性发展；高大石林集中发育于栖霞组、茅口组、生物屑粉晶、淀晶灰岩、生物礁灰岩中。

③石林喀斯特地貌发育良好的原因

路南石林属于石林式石芽。石林式石芽一般比较高大，形态呈笋状、柱状、剑状、菌状等等。它是在厚层、质纯、倾角平缓和具有较疏的垂直节理的石灰岩，以及湿热气候条件下形成的。

石林具有良好的高原地貌环境和位置。发育于高原面，有良好的沉积基础，石芽除了在地表发育外，还有很多在地下埋藏。石林的石芽是地上、地下，以及地下暴露部分共同发育形成的，因此发育比较充分，石芽比较高大。

路南石林的岩石主要为石炭纪至下二叠纪的下二叠茅口灰岩，以粉晶、淀晶生物碎屑结构为主的纯碳酸盐岩大面积分布。质纯层厚，碳酸钙的含量极高，与白云质灰岩相比，演化速度较快。

由于石林地区正处于一向斜轴部稍偏西处，离轴部不远，所以地势较为平缓，地层产状平缓，倾角小于5°。同时此处受地壳运动的影响相对较小一些，总是处于平稳上升的过程中，从未发生过地震。也因此在高处形成的小地形不会跨掉。这也符合了岩石必须倾角平缓的要求。

直立构造裂隙系统发育，在平面上分布均匀，并将岩体分割成不规则的棱柱体。

石林周围的地形都比较高，石林是一个凹陷，因此水总是向中间流。在溶蚀和冲蚀的共同作用下，形成了高大雄伟的喀斯特地貌。石林处于地下水升降比较厉害的地方。良好的水交替环境，补排通畅。

此处现代和古代气候均属于多雨潮湿的类型，有利于石林的发育。

石林的发育时间较早，最早的在峨眉山玄武岩以前就已侵入，距今已有2亿多年。发育早，速度慢，使得石林发育的时间长。

④石林喀斯特地貌形态

路南石林石林式石芽比较高大，高度可达30余米，形状呈笋状、柱状、剑状、菌状等等。在高大石芽之间为深窄的溶沟和垂直的沟壁。在大自然的雕琢下，莲花峰，奇险绝陡；石林胜景，巍为壮观；剑峰池，石剑冲天，池水清秀；阿诗玛，楚楚动人；双鸟渡食、象踞石台、凤凰梳翅、万年灵芝、骆驼骑象更是巧夺天工，栩栩如生。这里山奇、峰高、洞险、水清，加之阿诗玛动人的爱情故事，以独特的自然景观和浓郁的民族风情，吸引着来自世界各地的众多旅客。

3.地下喀斯特地貌

（1）阿庐古洞

①阿庐古洞位于泸西县，是云南部落"云南三十七蛮部阿庐部"的穴居点，是喀斯特地貌的典型地下景观。阿庐古洞于1540年被发现，距今已有四百多年的历史，自元代就有游客观光。众多史、志均有记载，洞穴区山清水秀，景色迷人，洞穴奇特，景观丰富，地下河成网状分布。泸源洞、玉柱洞、碧玉洞、玉笋河组

成一条三千米长的"古、朴、绝、奇"地下景观。

②阿庐古洞的形成

阿庐古洞属于喀斯特水在季节变动带中运动形成的。季节变动带位于丰水期潜水面与枯水期潜水面之间的地带，它受季节性水位的影响十分明显。在雨季或融雪季节，潜水面上升，此时地下水作水平方向流动。在干季，潜水面下降，地下水作垂直方向流动。该带水流方向水平流动与垂直流动二者是交替出现的。这种情况有利于垂直的和水平的地下溶洞的发育。地下水沿着细小的裂隙，如层面、节理面和断层面等流动，并进行溶蚀。当孔隙完全充水后，水具有承压性，其溶蚀量比在不承压的状态下溶蚀量大的多。以后随着溶隙的扩大和流量流速的增加，地下水除了溶蚀外，还有机械侵蚀，于是溶隙迅速扩大与合并，形成管道式的流水，如地下河。溶洞形成后，随着地壳的上升，原来发育于季节变动带中的溶洞，便抬升至垂直渗透带中，成为长期性干涸或间歇性干涸的溶洞。

③阿庐古洞的特点

阿庐古洞洞区有十厅、一河，总共是长达三千多米的地下景观。此外阿庐古洞有垂直的地下溶洞，也有水平的地下溶洞；有高大的厅堂，也有狭窄的通道，是典型的喀斯特溶洞。

溶洞形成后，如果地壳上升，或者潜水面下降，原来发育于水平流动带上的溶洞，便抬升至季节变动带以至垂直渗透带中，成为长期干涸或间歇性干涸的溶洞。这些溶洞通常位于山体上部，而且有时多层出现。而在阿庐古洞内，促使其发育的深度水的水平流动也具有季节变动的特点。由于水面上二氧化碳的含量较高，当接解面上水分和二氧化碳含量均较高时，喀斯特地貌发育地就较好一些，这样随着水面的不断上下移动，整个溶洞的发育都比较均匀、充分。

溶洞是沿各种构造裂隙溶蚀、侵蚀出来的，所以在多组裂隙交叉处，不论是溶蚀、侵蚀或崩塌等方面都比较强烈，因此溶洞特别高大，形如"厅堂"。就阿庐古洞而言，当地壳不断抬升的过程中，岩石裂隙不断增多，使得水流越来越多，越来越大，也促使整个溶洞在垂直上升的过程中，不断地发展。也造成阿庐古洞的多层性。同时在发育过程中，也造成洞顶岩石的倒塌，这样连倒带溶就使得洞顶越来越薄。

阿庐古洞内的岩石主要以质地较纯的白岩为主，岩性的质纯也有利于喀斯特地貌的发育。

洞中的玉笋河是阿庐古洞的主要特色。洞中有河，本不算奇特；但玉笋河中不仅有水，还有石钟乳、石笋、石柱等其他地下河所难得一见的景观。由于此河河底有小碗状凹陷，应是旱地滴水形成。故推测，此河可能原为旱洞，后因地下水转向形成。

石钟乳的形成与水源的远近，积聚的多少、方式等都有关系。一般来说，水大，形成的石钟乳不仅大，而且造型也奇特。阿庐古洞中，由于水流较大而且很急，使得洞内石钟乳、石幔较多，而石笋、石柱相对较少。

④阿庐古洞中的溶洞地貌

阿庐古洞是典型的喀斯特溶洞，洞中有各种堆积地貌，石钟乳如悬天神针；石柱林立，就像是整个洞的支撑；石幔是石的瀑布；石边堤是石的台阶；石笋个个鲜活而可爱；还有石葡萄，是长期水溅的结果。洞内的景观不得不让人感叹大自然的伟大。

石钟乳是倒悬于洞顶的碳酸钙堆积，呈倒锥状。其生成是由于洞顶部渗入的地下水二氧化碳含量较高，对石灰岩具有较强的溶蚀力，呈饱和碳酸钙水溶液。当它渗至洞内顶部出露时，因洞内空气中的二氧化碳含量比下渗水中的二氧化碳含量低得多，所以水滴将失去一部分二氧化碳而处于过饱和状态，于是碳酸钙在水滴表面结晶成为极薄的钙膜，水滴落下时，钙膜破裂，残留下来的碳酸钙便与顶板连接成为钙环。由于下渗水滴不断供应碳酸钙，所以钙环不断往下延伸，形成细长中空的石钟乳。

石笋是由洞底往上增高的碳酸钙堆积体，形态呈锥状、塔状、盘状等等。其堆积的方向与石钟乳相反，位置对应。当水滴从石钟乳上跌落至洞底时，变成许多小水珠或流动的水膜，这样就使原来已含过量二氧化碳的水滴有了更大的表面积，促使二氧化碳的逸散。因此在洞底产生碳酸钙堆积。

石柱是石钟乳和石笋相对增长，直到两者连接而成的柱状体。由洞顶下渗的水溶液继续沿石柱表面堆积，使石柱加粗。

石幔是含碳酸钙的水溶液在洞壁上漫流时，因二氧化碳迅速逸散而产生片状和层状的碳酸钙堆积，其表面具有弯曲的流纹，十分壮观。

边石堤是在洞底，特别是底部两边的堤状堆积物。高度不大，约数厘米至数十厘米，又似梯田土埂，排列在洞底缓倾的地面上，由上往下呈阶梯下降，每一阶梯都作堤状突起，并且呈弧状向外弯曲，有的堤内积水成池，成为边石池或石田。边石堤的生成与原始地面起伏有关。当流动的含钙溶液由积水小洼地漫过高起的边缘时，处于流态的溶液加快了它所含有的二氧化碳的逸散，促进了碳酸钙的重新结晶，因此在洼地边缘发生碳酸钙的堆积，并且不断增高加厚，使原来不平的堤顶，经过多次堆积后，也趋于一致。

⑤进入未曾开发的洞穴所需注意的问题

第一，进洞之前，要稍歇片刻，以防止洞内外的温度差异过大，而对人体产生不良的影响。一般来说，洞穴分为两种，洞口与洞尾连通的以及洞口和洞尾不连通的。前一种，温度差异不是很大，沿洞向地势高处走，则温度略有升高；反之，则略有下降，但总体而言，可称得上冬暖夏凉，对科学考察和旅游观光都有利。后一种则又分为两类，一类是洞口向上的，这类洞沿洞向里走，温度越走越低；另一类是洞口向下的，这类洞沿洞向里走，温度会越走越高，而空气也会越走越浑浊。总之这两类洞穴都不利于科学考察和旅游观光。

第二，带上自己的照明工具（必须是有燃烧物质的，如火把），它可以帮助预先警报氧气缺乏。

第三，在洞中，由于通道时宽时窄，易于迷路，而罗盘、指南针在洞内又很难解决问题，所以在洞内观测时，要沿观测路线留下一些路标或是注意观测一些具有路标性质的景观，在迷路的时候作为指路标识用。

第四，若进洞的人较多，则还要备些食物、水、绳子、漂浮物等以备不时之需，同时在洞内还要注意突出岩石的碰伤以及可能出现的洞顶倒塌。

（2）黑龙潭

①黑龙潭概况

黑龙潭在丽江，又称玉泉，黑龙潭是漾公江的源头。

②黑龙潭水源

黑龙潭的底部为第三纪砾岩，裂隙发育，很多处有冒泡现象，是地下水的上升出口。有人根据此潭有上升汽泡的表象，就判定此处是上升泉。但上升泉有一个基本的特征就是温度较高，经测试此潭中水的温度较低，不符合上升泉这一基本特征。所以，实际上此处的水仅仅是以泉水的形式出露而已。造成这一现象的原因是：黑龙潭出水处的后部就是石灰岩区，一直延伸到金沙江，是石灰岩高原。这个山是第三纪的，山上的石头是美丽的砾石，称为丽江珠。砾岩是透水的，因此地表水能够通过砾岩渗入地下，并且从石灰岩地区流出后，遇到砂岩，到达此处以后上升，产生了水面下水泡上冒的现象。

黑龙潭的真正水源是喀斯特水，这是石灰岩地区典型的河流出口。它的上游必定有一大漏斗，此处是地下河的重新出露点，是河流的再现。同时地下段有自净作用，当河流在地下行走大段距离后，水流会变得极为清澈，故黑龙潭的水质清可见底。

由于黑龙潭靠近雪山，有人推测此喀斯特水的来源是冰山融雪形成的。但是冰山融雪的一个基本特点是常年供水，而丽江地区曾连续三年干旱，致使黑龙潭的水也几乎干旱，且在干旱后两年，降水已经恢复，雪山又有补给，而黑龙潭的水仍经过很长时间才恢复，因此可以判定这里的水源主要是喀斯特水，也有部分冰川融水补给。此外因为缺乏地下增热过程，所以黑龙潭的泉水不是温泉。

4.冰川与冰缘地貌

在高纬度和高山地区，气候寒冷，在年平均温度 0 ℃以下地方，地表常被冰雪覆盖或埋藏着多年冻土。我国冰川、冰缘作用区的面积估计达 225 万平方千米，约占全国总面积的 23%。在第四纪最大冰期时，冰川、冰缘作用区的面积更为广泛。在这广大范围内，冰川冻融作用强烈地塑蚀着地表形态，引起了一系列的地质、地貌过程，产生了各种类型的冰川和冰缘地貌。滇西纵谷区，山高谷深、崖悬坡陡。梅里雪山，主峰海拔高达 6740 米，白马雪山、哈巴雪山、玉龙雪山、海拔均在 5000 米以上。这些高山雪原顶部终年银装素裹，山腰薄雾缭绕。我们此次对冰川与冰缘地貌的考察是比较全面的，看到了冰川地貌、冰蚀地貌、冰碛地貌、冰缘地貌。

（1）苍山十八溪

①冰川的搬运与堆积

冰川在运动过程中，不仅具有强大的侵蚀力，而且还能携带冰蚀作用产生的许多岩屑物质，接受周围山地因冻融风化、雪崩、泥石流等作用所造成的坠落堆积物。它们不加分选地随着冰川的运动而位移，这些大小不等的碎屑物质，统称为冰碛物。冰川具有巨大的搬运能力，成千上万吨的巨大漂砾皆能随冰流而运移，但搬运距离差别很大。一般冰川的堆积物往往是附近的石块，而规模巨大的冰川可将抗蚀力强的漂砾搬得很远。

②冰碛物的基本特征

首先是泥、粒混杂，沉积物大小不一。冰碛物是一种由砾、砂、粉砂和黏土组成的混杂堆积。由于各种堆积物不加分选地随着冰川的运动而位移；同时由于冰川具有巨大的搬运能力，成千上万吨的巨大漂砾皆能随冰流而运移，所以冰川堆积物的结构疏松，粒级差别悬殊，由几微米至几米，分选性比泥石流、冲击扇沉积差。

其次是冰碛物的砾石磨圆度较差，颗粒形态多呈棱状和半棱状。在冰川搬运过程中，因砾石与基岩的相互摩擦，或相邻砾石之间的挤压，故使漂砾的尖锐棱角多数已消失，形如熨斗状或圆盘状。在砾石表面还经常留下磨光面、钉头形擦痕、压坑和压裂等冰蚀作用痕迹。同时由于冰雪融水的作用，在冰碛物中常有一定分选性和磨圆度的颗粒沉积。

再次，冰碛物的矿物成分，与冰川源头和冰川下伏基岩性质一致。冰碛物的岩矿组成，还与冰川作用性质、搬运距离等因素有关。对于同一冰川作用区而言，冰碛物被搬运距离越远，则不稳定矿物含量越少，稳定矿物的相对含量越多，变成异地漂砾的可能性越大。

最后，冰碛物一般缺乏层理构造。消融冰碛表层黏土等细粒物质易被冰雪融水带走，结构松散，砾石常具有棱角，其表面很少出现压、擦痕迹，亦无定向排列，唯当消融冰碛以滚动方式撒落时，所形成的侧碛（位于冰川两侧的冰碛物）和终碛（位于冰川边缘前端、冰舌末端的冰碛物，又称前碛）局部带有向外坡倾斜的层次。

③苍山十八溪的情况

苍山十八溪中多是冰碛物，苍山上有冰川物质，河道中的砾石大小混杂，有棱有角，有的还有擦痕。因此判定主要是冰川沉积物，同时也有流水堆积的成分，可以说是洪与冰共同形成，且以冰为主。

（2）玉龙雪山

①冰碛地貌

白水河是玉龙雪山下的一条河。白水河中的水来自玉龙雪山的冰雪融水。雪山上的石头因为经过物理风化被研磨成粉末，冰雪融水沿雪山流下时，携带了这些白色石灰岩，水变成了白色，因此得名白水河。河水流到平地后，石灰岩得到沉淀，水变得清澈无比，呈浅蓝色。白水河中的石头有明显的擦痕，有的还有磨蚀沟，这都是在冰川运动的过程中，石头与石头相互碰撞造成的。

随着冰川的衰退，冰川携带的冰碛物就相应地堆积下来，形成了各种冰碛地貌。在玉龙雪山脚下就有这样的冰碛地貌，分布于白水河的两岸。白水河就从这个 U 形谷的前沿流淌出来。这里的冰碛地貌主要是侧碛堤、中碛垄。侧碛堤是指：随着冰川的退却，原聚集于冰川两侧边缘的大量碎屑物质出露地表，形成的与冰川流向平行的条状冰碛堤岗。侧碛堤的上游源头开始于雪线附近，下游末端常与终碛（位于冰川边缘前端、舌状末端的冰碛物）相连。终碛垄是指：分布于冰川前缘地带，系由终碛组成的弧形垄状地形。终碛垄两坡不对称，内坡缓，外坡陡，相对高度因地而异。山岳冰川终碛垄较高，可达百米以上，但延伸长度较短，在其内侧低地，有时积水成湖。

②冰蚀地貌

悬冰川一般呈斑点状依附在山坡上，冰川规模小，冰体厚度薄，冰川面积通常不足 1 平方千米，储冰量仅数百立方米左右。悬冰川对气候变化的反映比较敏感，容易形成，也容易消亡。在玉龙雪山上就覆盖着悬冰川。

石海发育于冰缘地区的山顶夷平面或缓坡等平坦地貌部位上，由基岩经冻融风化作用崩落的巨大块砾组成。巨砾层透水性好，水分不易保存，减慢了冻融作用对巨砾进一步分解的速度；而少量细粒物质又多被融水带走，因此组成石海的巨砾，一般直接覆盖于基岩面上。石海往往形成于富于节理的花岗岩、玄武岩、石英岩等坚硬岩性地区。石河发育于多年冻土区具有一定坡度的凹地或谷地里。它是由充填沟谷的冻融风化碎屑物在重力和冻融作用下，石块沿着湿润的碎屑下垫面或多年冻结层顶面，徐徐向下运动而成。石河的运动速度缓慢，多呈蠕动状态，各地因水热条件的不同有所差别。在玉龙雪山的坡面上，可以看到一条条白色物质，这就是石河与石海。

在冰川作用的山地中，冰斗是分布普遍而明显的一种冰川地貌。冰斗三面为陡壁所围，朝向下坡的一面是一个缺口，外形成围椅状。它由冰斗壁、盆底和冰斗出口处的冰坎所组成。玉龙雪山上的云杉坪曾是一个冰斗，它中间是个谷，两边是冰碛物，但经过后期冰川的改造作用，形成了较平的坪。随着冰斗的进一步扩大，斗壁后退，两个冰斗或冰川谷地间的岭脊不断变窄，最后形成薄而陡峻、刀刃状的锯齿形山脊，称为刃脊。当不同方向的数个冰斗后壁后退，发展成为棱角状的陡峻山峰，叫作角锋；主峰与周围的峰顶之间，经常有锯齿形刀脊相连。

（3）干海子

干海子位于海拔 3200 米处。在干海子入口不远处，有一个细沙坑。在冰川地貌区出现这样一个细沙坑的原因是：这个地区不是一次作用形成的。玉龙雪山经历过两个冰期，旧冰期是丽江冰期，新冰期是大理冰期。干海子原来是老冰期的冰斗，规模较大。到了大理冰期，大理冰期的规模虽然小于丽江冰期，但却改造了老冰期时的冰斗。干海子成了冰川的消融区，变成了冰湖，由于冰川迅速消退，冰体大量融化，表碛、中碛、内碛等各种冰碛物就地坠落，运动冰碛转化为消融堆积冰期，因此有了冰川沉积物。细的沙被沉积在此地，粗的被顶上去。因为冰碛物一般缺乏层理构造，消融冰碛表层黏土等细粒物质易被冰雪融水带走，结构松散，因此这里的砾石是疏散的，细沙中往往混有小砾石，砾石到了下部就开始胶结，胶结物是石灰石。

二、云南省气候概况

（一）云南气候类型

云南气候属于热带、亚热带高原型季风气候。

（二）云南气候特点

（1）既不同于南亚，也不同于东亚的气候

东亚地区的气候受东亚季风影响较大。冬季受蒙古高压的控制，盛行西北季风，而夏季由于太平洋上高压的影响改为东南季风，这两种风向为180°夹角，两者一年完成一次循环。南亚地区受热带季风影响较大，冬季盛行东北风，夏季由于行星风带的南移，盛行西南风。而云南的季风气候则是冬季盛行西南偏西的风向，夏季则盛行西南偏南的风向，两种风向的夹角不到60°。故它与南亚、东亚的季风均有所不同。

（2）冬季干燥，夏季潮湿多雨。此特点与南亚季风相似。

（3）冬季温度偏高，夏季温度偏低

（三）云南气候形成原因

1. 冬半年

由于气压风带的南移，使得西风带移至北纬30°~40°。全球西风带从北欧向南，经过东欧至亚洲中西部，当遇到青藏高原隆起受阻后，分为两支。一支回转向北，影响我国东部绝大多数地区；而另一支则继续向南，云南地区就受到了南支的影响。这股气流由于沿途经过印度、巴基斯坦等地而被加热，故当它流经云南时，云南的温度就得以提高。当然，云南的海拔很高，但由于海拔升高，所导致的降温小于季风流经所引起的升温，所以两者综合起来，冬季云南的温度还是高于它周围的平原地区。而云南冬季的风向也取决于南支的风向。

2. 夏半年

由于气压风带的北移，使得东南信风跨过赤道后，由于地转偏向力的作用，使其改变为西南季风。由于东南信风为暖温气流，故西南季风也是水汽丰富，温度较高。由于云南地势北高南低呈斜坡状，所以当西南季风进入云南境内时，需要沿坡一路爬升，而随着高度的上升，湿热的西南季风不断进行水分的凝结，引起降雨。这也就是云南夏季多雨，并且其降雨量仅次于台湾等个别地区的原因。高温高湿的西南季风对云南的气温是有提升作用的。但由于云南海拔较高，所导致的降温大于季风流经所引起的升温。所以，两者综合作用，夏季云南的温度还是低于它周围的平原地区。

（四）热量和水分条件的地区差异

1.气温的地区差异

云南省内南北向的温度梯度极为明显，而这种热量水平的南北差异，产生于北高南低倾斜地势的基础之上，所以它们的大致范围受到地势的特点的影响。一般热带在东南、南、西南三个方向围绕云南高原的边缘分布；而高原寒温带则偏处于滇西北的一隅；另外，高原的大部分则属于亚热带。同时，云南地势起伏大，地貌复杂，气温的垂直差异十分显著。

2.降水量的地区差异

云南年降水两的分布总趋势是南多北少。雨季开始时期的早迟，其分布与雨量多少的分布大致吻合，即雨量多的地区，雨季来临也比较早；雨量少的地区，雨季开始也比较晚。其间约有一个半月的参差。

3.错综复杂的热量和水分配合状况

在云南植被的环境中，地貌的作用主要在于它在区域的大气候背景之下，对于热量和水分的配置起着支配性的影响。不仅对于地方气候、山地气候和小气候特点的形成，而且对于地表水，地下水，以及土壤等的水文地理特点的形成都有着极为深刻的影响。而其中，地貌对于气温和水分条件的作用，以及造成的结果又各自具有其不同的特点。云南错综复杂的地貌形态，使得气温以及雨量的分布，两者之间的配合状况都显得十分复杂多样。

（五）云南气候的影响

这种气候对人的居住是极为有利的。但对于农业生产则有利也有弊，在这种气候条件下，大农业可以得到充分的发展，可以因地制宜发展多种农作物；但不适合单一生产。

三、云南省植被土壤

（一）植被的综述

云南处于东亚植物区系与喜马拉雅植物区系的交汇地区，又为泛北极植物区系与古热带植物区系的交错地带，是世界上罕见的多种植物区系的荟萃之地。云南汇集了众多的植物种类，形成了丰富的物种多样性，有种子植物 299 科，2076

属，约 15 000 种，占全国种子植物种类总数的 50%，是世界生物多样性重要地区之一，也是一些重要物种的原产地，其中许多为珍稀濒临物种。故云南素有"植物王国""药材宝库""竹类分布中心"等美称。

1. 云南的气候条件

云南大气候总的特点是"冬暖夏凉、冬干夏湿"，由南向北，年平均气温降低，降水量也减少，干季更为明显。在这样的大气候条件下，在南部是热带雨林和季雨林，中部以北则为各种偏干性的常绿阔叶林，它们分布在南部的宽广河谷盆地至北部的高原面盆地及盆地边缘起伏为一致的山地下部。此外，在云南，山地占有很大的面积。山地气候共同而突出的特点是"湿"，其原因，或者是山地地形雨发达，或者是因河谷气流至两侧山地一定高度聚集形成云雾带。处于这样的生态环境中，山地垂直带植被在组成上和结构上均表现出潮湿的生态特征。

2. 云南的地势状况

云南是一个以山地和高原为主的地区。它的植被水平地带是由纬度和海拔相结合所形成的，称为"山原型水平地带"。云南总的地势是"北高南低"，纬度加上海拔的共同作用，从北至南形成的气候带从暖温带变化到热带，从而形成了相应的植被带。但云南地势从北到南并非顺势而下，中间山地相间、连绵起伏。因此，往往会产生纬度高、海拔低的地区与纬度低、海拔高的地方具有同类植被的现象。如：位于昆明与金平之间的开远，北纬 23°50′，位于回归线以北，由于海拔低、降水少、有焚风作用，使得开远的植被在物种上与西双版纳相近，有鸡蛋花、鱼尾葵、凤凰木、南洋杉、印度橡胶等热带植物。且由于云南有山地，植被除了具有水平变化外，还有垂直变化。气候因素与地势因素相互影响、相辅相成、共同作用，使得云南的植被具有种类多、变化快、分布广的特点。

（二）云南植被的分布

1. 云南植被的水平分布

云南的植被水平地带是"山原型水平地带"，山原型水平地带的每一个带内，盆地的海拔高度不是整齐划一的，但处于一定的纬度和海拔范围之中，而且有属于群系组一级的地带性植被类型和一定的山地植被垂直带谱所表征。各带内部东西之间仍有变化，带与带之间在接触面的一定范围中植被互有交错或在少数地点还有植物种类混杂的现象。但作为群落的整体，不同水平带植被类型各具其本身的特征，类型之间的区别也是明显的。据此，云南植被的水平地带是：热带雨林、季雨林地带（北纬 23°30′ 以南，盆地海拔 900 米以下。至滇西南北纬 25°，盆地海拔 960 米）；亚热带南部季风常绿阔叶林地带（北纬 25° 以北，盆地海拔 1200~1400 米），相当于我国东部的南亚热带季风常绿阔叶林地带；亚热带北部半湿润常绿阔叶林带（以滇中高原为主体，盆地海拔 1600~1900 米）相当于我国东部中亚热带常绿阔叶林地带。

（1）丽江

丽江属于暖温带，在滇西北地区。它的植被主要是云南松林，以及一些高山松。

（2）大理

大理在昆明的西面，属于北亚热带。与丽江不同，这里的松林以云南松为主，没有高山松。

（3）昆明

昆明西山、筇竹寺的松林是由于演替而形成的云南松林和华山松林，这些松林与常绿阔叶林的主要树种混生，形成"松栎混交林"。在这个由西山、筇竹寺的植被组成的群落中，优势种是半湿润常绿阔叶林。且共有三层，上层为乔木层，以青冈和栲类为优势。青冈属山毛榉科，是常绿乔木，高可达 20 米。叶子呈长椭圆形或长椭圆状卵形，边缘中部以上有粗锯齿，下面有白粉及平伏细毛。栲类属山毛榉类，是常绿大乔木。叶子呈椭圆状披针形或披针形，下面密被褐色鳞状毛，叶柄长 6~12 毫米，元江栲的树皮有纵裂。在常绿阔叶林中还有一些落叶的植物伴生，见到的有野茉莉科的、杜鹃科的、樟科的种类，还有槲栎、白栎。槲栎和白栎都属山毛榉类，落叶乔木。槲栎喜光，耐干燥、瘠薄，可高达 25 米，叶子呈倒卵形，长约 10~20 厘米，每边具有 4~9 个波状的钝缺齿，下面密生星状毛。白栎喜光，高大 20 米，小枝密生细毛，叶呈倒卵形，每边具有 6~10 个波状钝缺齿，下面有灰色粗毛，细脉明显。林下的灌木层不是十分明显，有一些喜阳的小灌木，如胡枝子。再下层是草本层，但此处的草本层不明显。最底下的地被层的主要植物是苔藓。在整个群落中，还附生了一些蕨类（如凤仙花等）、藤本植物（如金刚刺等）。此外，在这群落中还有后来侵入的紫茎泽兰、人工种植的蓝桉林。昆明地区的农作物以水稻、玉米为主。

（4）路南

路南属于中亚热带。在植被上，灌木增多，出现了云南松与灌丛的混交林。

（5）弥勒

弥勒也属于中亚热带。在竹园地区，由于气温高，出现了大片的甘蔗田、烤烟地。

（6）开远

由于海拔低、降水少，且有焚风作用，开远出现了热带植物，有鸡蛋花（花大，极香；花冠漏斗形，外面白色而略带黄色，内面基部黄色，顶部白色）、鱼尾葵、凤凰木、南洋杉等。这些应在西双版纳出现的植物，之所以会出现在纬度比它高的开远，就是由于云南的植被水平地带是由纬度和海拔相结合所形成的"山原型水平地带"。

（7）个旧

个旧属于南亚热带，从个旧向南，群山迭起，山上的植被浓密，出现了大片的竹林。这些竹子粗大而端直，可能是野生的。竹林与一些阔叶树混生，林下有灌木层和草本层。

（8）斗母阁

在斗母阁，热带植物大量出现。我们首先见到的是山上的桫椤树，桫椤出现于两亿年前，是一种非常古老的蕨类植物。桫椤的茎呈柱状，直立，高 3~8 米；叶柄与叶轴呈暗紫色，密生小刺；叶片长 1~3 米，三回羽状分裂。山上还有大片的芭蕉林，已经结了一串串的芭蕉，充满了热带风光。

（9）勐拉

勐拉属于热带。勐拉有不少热带植物，如：橡胶。勐拉的橡胶树是巴西橡胶树，橡胶树于 20 世纪 60 年代末、70 年代初在此被大量种植。橡胶树的胶汁管是垂直的，割胶既不能割得太轻，又不能割得太重。因为人们割胶是要割断橡胶树的韧皮部；如果割得太重，就会割断韧皮部后的形成层，橡胶树就死了；如果割得太轻，胶汁就出不来。在勐拉温泉，那里的植被明显显现出热带植被的特征，如：植物的根系出露地表，即呼吸根。这些根系有指状、舌状、匍匐状等等。在中越边境上，我们还看到了高大乔木的板状根。板状根在茎与沿土表走向的侧根之间构成一至数个扁平的三角形的板，虽然这里的板状根还不高大，但已经很有热带雨林的特点了。

2. 云南植被的垂直分布

云南山地连绵起伏。由南而北，随着纬度与盆地海拔高度的上升，山地的高度也相应增高。超过海拔 5000 米的高山集中于滇西北一角，其他大部分地区都为不超过 3200 米的中山。在山地一定高度范围内，都有标志山地垂直带的主要植被类型。

（1）热带山地植被垂直带

热带雨林、季雨林分布地区的山地植被分布有两个系列，我们接触的是位于滇东南（即湿润雨林分布地区）的潮湿的热带山地植被垂直系列——金平县的分水岭自然保护区。由海拔最低开始，植被垂直带的顺序是：热带湿润雨林（海拔300~500米）—热带季节雨林（300~700米）—山地雨林（700~1300米）—山地季风常绿阔叶林（1300~1750米）—苔藓常绿阔叶林（1750~2700米）—山顶苔藓矮林（2700~2900米）。这一垂直系列的植被分布在高大的山体迎季风坡面及山前地区，地形雨极为丰富，气候潮湿，因而，垂直带上主要植被类型都表现为明显的潮湿的特征。

（2）亚热带山地植被垂直带

亚热带北部的丽江的玉龙雪山。由海拔最低开始，植被垂直带的顺序是：半湿润常绿阔叶林（1900~2500米）—湿性常绿阔叶林（2500~2900米）—云南铁杉林及常绿针阔叶混交林（2900~3200米）—云、冷杉林（3200~4100米）—高山灌丛和高山草甸（4000~4700米）。玉龙雪山脚下是半湿润常绿阔叶林及与其在分布和演替上紧密联系的云南松林，而此处的云南松正处于向高山松转变过渡的阶段。上山后，高山栎正在高山松林下缓慢生长，高山松是优势种；再向上，高山栎林就优于高山松林。这就是湿性常绿阔叶林带，这一类型上层以石栎属中喜湿的树种为优势，树干附生苔藓、地衣，生境潮湿，林下则以箭竹为优势。湿性常绿阔叶林带以上，为云南铁杉林所形成的温凉性针叶林带。铁杉是松科的常绿乔木，树皮深灰色，深裂成不规则的厚块片，小枝带黄色，有坚硬不脱的叶基（因此枝上留有无数短桩桩突起），叶扁平，四棱状条形，长1.2~2.7厘米。铁杉林向上是云、冷杉林。云杉林和冷杉林占据在高山中部以上，直至树线，构成寒温性针叶林带。云杉是常绿乔木，枝条平直，略微向下，叶子呈灰蓝色，棱状形。冷杉也是常绿乔木，枝条平直略向上，叶子呈墨绿色，扁平状。云、冷杉林向上就是高山灌丛和高山草甸。玉龙雪山附近的干海子——曾经是玉龙雪山的冰斗就是一片高山草甸。

（三）云南植被的演替

1.昆明的西山、筇竹寺

西山基本上是原始森林，植被保护得较好；筇竹寺地区因为靠近寺庙，周围的植被也没有受到人为的破坏。在这个群落中，优势种是半湿润常绿阔叶林，这个群落就是原生演替所形成的。在群落达到稳定后发生的演替，主要是由于常绿阔叶林被砍伐后，新种的侵入和人为引种而发生的。这些侵入的新种是：云南松、华山松、紫茎泽兰。在常绿阔叶林被砍伐后演替系列中，首先侵入的是云南松，然后是华山松。云南松是常绿乔木，高可达 30 米；叶子三针，细长，不下垂或微下垂，长 10~30 厘米；球果圆锥卵形，上部渐狭，长 5~9 厘米。华山松也是常绿乔木，高可达 35 米；叶五针一束，柔软；球果圆锥状长卵性。西山、筇竹寺的植物群落中的云南松林、华山松林与半湿润常绿阔叶林的主要树种混生，形成"松栎混交林"。紫茎泽兰是一种对地方植物多样性有破坏作用的植物。它的叶子比较大，茎呈紫色。由于它极易生长，而且它生长的地方别的植物就不能再长，因此称它对植物的多样性有破坏作用。如今西山上到处都有这种植物，如不能被根除，那么西山植物群落的繁育就存在巨大的隐患。被引入的新种是蓝桉。蓝桉是桉树的一种，是喜阳常绿大乔木，因叶子微呈蓝色，所以得名蓝桉。蓝桉能够生长在瘠薄的土地上，它的叶子在幼时较大，呈灰绿色；成年后，变成细长的镰刀状。因此蓝桉上会有两种树叶。蓝桉的纤维是扭曲上升的，不是直的。

2. 大理

在大理的苍山上，我们见到大量尚处于幼年的云南松，这就是云南松侵入而发生了演替的结果。大理的地带性植被也应该是半湿润常绿阔叶林，但由于在多石山地的两侧山坡上，半湿润常绿阔叶林因缺乏一定的水湿条件而不能发育，而云南松更耐干旱和土壤贫瘠，就占据了这样的地段。

3. 丽江

（1）黑龙潭

在河流地貌中已经叙述过，黑龙潭附近山上的植被遭到人为破坏的程度较强，山上的原生植被被破坏了，现在山上的植被都是次生的，在演替中仅进入灌丛这一系列。

（2）玉龙雪山

玉龙雪山脚下的原生植被是半湿润常绿阔叶林，但现在是半湿润常绿阔叶林的优势种与后期侵入的云南松林的混交林。而玉龙雪山脚下的云南松正处于向高山松转变过渡的阶段，所以又可以见到高山松。在上山后的数百米内，高山松替代了云南松，成为优势种。再往上，高山栎作为一个正在增长的种群在高山松林下缓慢生长，群落的演替发生了；到了湿性常绿阔叶林带，高山栎林就优于高山松林，成为了优势种，高山栎的生境潮湿，树干上附生苔藓、地衣，林下则以箭竹为优势。铁杉林向上是云、冷杉林。云杉林和冷杉林占据在高山中部以上，直至树线，构成寒温性针叶林带。云、冷杉林向上就是高山灌丛和高山草甸。玉龙雪山上群落的演替，充分地说明：随着生境的恶劣，不能适应环境的植物就被那些生长速度快、生理过程强大和对不利环境抗性大的植物所替代。

（四）云南植被与土壤的关系

云南自然条件复杂，成土因素差异很大，土壤类型很多，分布错综，而不同的土壤条件具有相应的自然植被。

1.红壤系列土壤类型与其相应的植被

云南的红壤系列包括云南的热带和亚热带广泛分布的各种红色和黄色的酸性土壤，主要有砖红壤、赤红壤、红壤、黄壤及燥红土等。这些土类发育过程中，脱硅和富铝化过程明显，硅酸盐类矿物强烈分解，硅和盐基遭到淋失，钙、镁、钾残留量很微，黏粒和次生矿物不断形成，铁铝氧化物从风化壳到土体都有明显聚集。自然植被下的这些土壤中生物循环强烈，土壤表层覆盖着厚厚的一层枯枝落叶，这些大量的生物残体，通过分解吸收，使大量的营养元素重新回到土壤中。由于富铝化和生物富积这两个过程相互作用是这一类土壤形成的特点，所以随着热量、水分条件和植被的不同，土壤也有明显的地带性分布特点。下面，就考察的结果进行叙述。

（1）砖红壤

砖红壤是云南热带雨林和热带季雨林分布地区的主要土类，是在热带气候条件下强烈的生物循环过程和富铝化风化壳形成过程的作用下发育的。云南的砖红壤分布在南部和西南部边缘海拔900米以下的山地下部和盆地边缘，和在东南部海拔500米以下的谷地；年平均气温在20 ℃以上，年降水量约在1200毫米以上的湿热地区。热带雨林、季雨林群落下的砖红壤，生物积累作用很强，表层有机质含量可达5%左右，每年每亩林地通过植物吸收的灰分元素可达247斤。我们在勐拉见到的橡胶林下就有厚厚一层枯枝落叶。

（2）赤红壤

赤红壤的性质介于砖红壤与红壤之间，是两者之间的过渡类型。其相应植被类型是云南南部亚热带季风常绿阔叶林。在云南西部分布北界达到北纬24°以北；而在东部，其分布北界约在北回归线附近。主要分布地区的年平均气温约17~19 ℃，最冷月均温在10 ℃以上，年降水量1100~1500毫米。其分布的海拔上限在西部接近1500米，向东降到1000米。赤红壤，表土呈棕色，心土呈棕红色。

（3）红壤

红壤在云南发育的亚热带的生物气候条件下，较之热带其富铝化过程和生物积累过程都较弱。红壤主要分布在云南高原北纬25°两侧的广大地区，海拔上限约在2500米以下，偏东部分在2000米以下。红壤上相应的植被是半湿润常绿阔叶林，表层呈灰棕色，往下有机质含量逐渐下降。

（4）黄壤

云南的黄壤分布范围主要局限于热量水平与红壤相当的局部多雨而偏湿的地区。其典型植被为山地湿性常绿阔叶林和苔藓常绿阔叶林。黄壤的表层多为暗灰棕色，有机质含量较高，心土黄化现象明显。

2. 暗棕壤与其相应的植被

暗棕壤主要分布在云南的西北部，海拔约3100~4000米，这种土壤的原生植被为云、冷杉林。虽然气候干湿明显，但冬春的干季因有积雪和融雪过程，土壤剖面终年常处于湿润状态，林内土表常有残落物构成的活地被层，森林凋落物较多，表层有机质丰富，土体呈棕色。干海子上的土壤、玉龙雪山上的云杉坪，它们的土壤就是暗棕壤，但由于草甸植物侵入坪上，因其腐殖质积累作用强，形成了草甸暗棕壤。草甸暗棕壤有较厚的腐殖质层，土体呈灰棕色。

3. 紫色土、石灰岩土与其相应的植被

（1）紫色土

紫色土在云南中部昆明以西到大理以东之间，并向南延伸到滇南而呈的大范围内，以及省内的许多地点都有局部分布。紫色土为中生代的三叠、侏罗系紫红色为主的砂、页岩风化物母质上发育的一种岩性土。紫色土大都土层较薄、并发育不良。因此其上的植被稀少，无成丛的树木，仅有植物上可成小区群落。

（2）石灰岩土

云南省境内石灰岩山地丘陵分布很广。由于石灰岩中含碳酸盐很丰富，而且在岩溶地貌发育地区因不断有石灰岩新生风化物和崩解碎片形成，而且地表水也富含碳酸盐，这都延缓了土壤中盐基成分的淋失和脱硅富铝作用的进行，故多有幼年性的石灰岩土分布。只有充分发育的情况下，才有红壤或黄壤分布。石灰岩以农业利用为主。

第三节　云南省人文地理

一、建筑风格

（一）民居

云南是中国聚居不同民族最多的省份，不同的民族各有自己独特的家园。我们接触的主要是白族和傣族的民居。

1. 白族居民

白族居民的建筑风格绚丽精致、绰约多姿，用简单的语言来概括，就是"三坊一照壁"。"三坊"是指三座层楼的房子围合成一个正房加两侧厢房构成的三合院，加上正房对面的一个照壁，这就是"三坊一照壁"。

2. 傣族民居

傣族的民居是竹楼。竹楼分为上下两层，下层以木椿为柱，四面敞空，用以存放杂物或围养牲畜；上层为居室，楼板和竹编围墙同样是竹木结构，屋顶造型多为方正的"歇山形"，屋面坡度很陡，上铺草排，出檐很大，便于排水。

（二）建筑

云南的各少数民族非常愿意吸收其他民族的文化精华，在吸收的同时又保持自己的特色，这一个特点充分地体现在了建筑上。例如纳西族的舞凤楼，它供奉的是纳西族的保护神——三多神，整幢楼是各民族文化的集中体现。它的柱子和屋檐是汉族风格的，墙壁的装饰图案是白族特色的，屋顶是藏族格调的，门和窗具有本族的文化特色，整个建筑的民族气息浓厚。

大理古城的改造比较大，只保留了南门和北门，许多古老的街道已经被改造，失去了大理在南诏时作为云南政治中心的辉煌气势和被忽必烈攻陷后，留下的那种沧桑与悲壮。改建后的大理古城仿佛成为品茶、喝咖啡的一条文化走廊。灰墙翘檐老房子里的韩国餐厅、日本料理，古城街道上支起的一顶顶遮阳伞、一间间露天酒吧和咖啡屋，中外游客的谈笑风生，有烟也有酒，这不是巴黎的艺术沙龙，而是我们的古城。虽然古城中熙熙攘攘，人来客往十分繁忙，但在获得了巨大经济利益的同时，我们失去的是什么？是永远都回不来的文化遗产。

丽江古城又名四方街，它主要是一个民俗饰物的购买场所，相当于上海的老城隍庙。它基本保留了丽江古老的民俗特色——家家门前都有树和水。四方街的店铺中出售的是具有浓郁民族特色的各种饰物、装饰品。应该说还是比较不错的。

二、民俗风情

在大理，白族金花甜美的嗓音、漂亮的服饰首先给我们留下了深刻的印象。值得一提的是，白族金花的帽子极具文化特色，帽子上的饰物分别代表了大理下关的风、上关的花、苍山的雪、洱海的月四景。我们还品尝了美丽的金花为我们奉上的迎宾三道茶，白族的三道茶：一苦、二甜、三回味，是白族人民迎接贵宾的最高礼仪。

　　云南的温泉由 700 多处，最高可达 105 ℃，而且花岗岩区的温泉温度普遍较高，可能是由于花岗岩中的片麻岩具有放射性元素。云南高温温泉多集中在滇西和滇南。勐拉的温泉在兑了冷水后，也有 65 ℃。勐拉是以傣族为主的少数民族区，傣族人都喜爱温泉沐浴，而且是男女同浴，这种现象十分普遍，并不为奇。

　　在阿庐古洞，彝族人把一年分为十个月，35 天为一月，多余的 10 天就是彝族的节日。可观看彝族的嫁娶的婚俗。在丽江，可欣赏纳西文化。奇妙的东巴文字，是纳西人特有的象形文字，不得不让人感叹这个民族的悠久历史。

第五章 东北地区野外实践教学

东北地区包括吉林省、黑龙江省和辽宁省，以及内蒙古东五盟市，是我国的老工业基地。本章包括东北地区的概况和东北地区地质地貌概述、东北地区的土壤植被、东北地区的人文地理等内容。

第一节 东北地区概况

一、自然概况

（一）地理位置

东北地区（以下简称"东北"）位于中国的东北部，地理位置约为东经117°~135°，北纬38°~53°，行政上包括黑龙江省、吉林省和辽宁省三省，以及内蒙古东五盟市，总面积78.8万平方千米，约占全国陆地国土面积的8.2%。

（二）地质、地貌特征

东北地区地形总的特点是东、北、西三面环山，中部为丘陵和辽阔的平原。山系主要有两列，西侧是大兴安岭，东侧是长白山地。除两列华夏向山地外，北部还有一道北西向、新近隆起的小兴安岭。三者围成马蹄形，环抱着肥沃的东北平原。在平原的中南部，延伸一道与小兴安岭走向平行的松辽分水岭，海拔仅200多米，但它却使松花江与辽河南北分流，也是一条明显的新构造线。

东北地区水系比较发达，主要有黑龙江、乌苏里江、松花江、辽河、鸭绿江等水系纵横贯穿于东北大地。东北全区统称为东北大平原，包括三江平原、松嫩平原和辽河平原。三江平原是由黑龙江、松花江和乌苏里江三江冲积而成的低湿平原。

中生代燕山运动，奠定了东北地区的地形轮廓。在山地隆起带中，以断裂运动为主，同时伴有岩浆活动，酸性岩浆岩广泛分布。东北平原沉降，堆积了深厚的陆相白垩系，含有丰富的油气藏。第三纪初期，地壳相对稳定，山地经长期剥蚀，已成准平原状态。第三纪中期喜马拉雅运动开始，本区转为以挠曲、断裂为主的地壳。本区的新构造运动，对现代地貌的形成和发展具有重要作用。升降运动是新构造运动的基本形式。东部山地和大兴安岭自燕山运动以来一直是上升地区。早更新世末或中更新世初松辽分水岭隆起，分隔了松花江与辽河水系。从此，就形成了三面环山、平原中开的盆地轮廓。中部平原是下沉地区。

断裂活动控制着升降运动和火山带、地震带的分布。本区火山活动相当剧烈，次数之多、分布之广为我国其他地区所罕见。从晚第三纪到现在，本区有多期火山活动，其中以上新世中期的老爷岭玄武岩喷发规模最大，覆盖在山区夷平面上，形成范围广阔的熔岩台地。火山锥数量明显增多，总数在500座以上。火山活动受断裂构造控制。

（三）气候特征

受纬度、海陆位置、地势等因素的影响，东北地区跨寒温带、温带、暖温带的湿润、半湿润地区，温度差异明显，主要气候特征是冬季严寒，夏季冷湿。辽宁南部>10 ℃积温可达3400 ℃以上，冬小麦、早熟棉花、暖温带水果可正常生长。中部大部分地区>10 ℃积温2400~3400 ℃，可生长春小麦、大豆、玉米、高粱、水稻、甜菜、向日葵、亚麻等春播作物，一年一熟，但有时受低温冷害影响，需根据积温及其保证率进行品种布局。降水量自东向西递减，长白山东南侧鸭绿江流域年降水量可达1000毫米以上，是我国秦岭—淮河以北降水量最多的地区。长白山西侧为600~700毫米，松嫩平原400~600毫米，大兴安岭东侧500毫米，岭西350毫米。作物生长季降水量一般占年降水量的80%，这对雨养农业的发展很有利。小麦、大豆、玉米等作物需水量一般350~500毫米，降水正常年份降水量能满足旱田作物的需要。但是年降水变率可达18%~22%，秋季变率可达30%~40%。一般松嫩平原西部及内蒙古东部多有旱灾，三江平原及松辽平原的低洼地常有涝灾。松花江、嫩江、辽河堤防建设标准不高，也易出现洪涝灾害。东北区冬季降雪较多，是我国降雪最多的地区，降雪日数从南向北为30天至190天以上，降雪量多，积雪稳定对冬小麦越冬和改善土壤墒情有利。降雪为开展冬季冰雪体育活动及旅游提供了条件。总之，东北地区东西、南北的水热条件差异对农业体系和农业地域分异的格局的形成奠定了自然基础。

（四）土壤和植被

1. 植被分区

本区的植被就其种属来说，不如我国南方各区丰富，维管束植物约有 2670 种，特有种不显著，树木种类不多。但东北区却是我国森林面积最大的区域。植物种类有自东南向西北逐渐减少的趋势。据统计，如以长白山地的植物为 100，则东北平原相当于 49，大兴安岭只相当于 45，均不及长白山地的一半。此种现象与现代植物生长环境越向西北越严酷有关。

就亚欧大陆而言，本区植被具有一定的过渡特征。它是亚欧大陆温带草原的最东端，寒温带针叶林的最南端，暖温带夏绿林的最北缘。这些植被类型交汇于此，组成成分相互渗透。同时，因受强大的冬季风影响，这些反映地带性的植被，都有向南偏移趋势。本区植被按区系组成，大致可分为三大部分，即达乌里区系、长白区系和蒙古区系。它们分别和寒温带针叶林、温带针阔叶混交林和温带草原三种植被类型相适应。东北地区是达乌里、长白和蒙古区系的植物互相渗透、互相影响的区域。在现阶段的地形、气候等因素影响下，东北植被的区域分异也相当明显。山地形成森林植被，平原出现森林草原和草原植被。

2. 土壤分区

根据土壤区划原则，东北地区的土壤可以分为以下几个带：寒温带针叶林灰化土带，温带针阔叶混交林暗棕壤地带，温带森林草原黑土带，温带草原黑钙土带，温带干草原栗钙土带，暖温带落叶阔叶林棕壤带。

寒温带针叶林灰化土带，包括大兴安岭山地北段的中山低地，该区气候寒冷，有永久冻土层。主要树种有兴安落叶松、樟子松、白桦及山杨等。

温带针阔叶混交林暗棕壤地带占东北地区的二分之一，这一地区干燥度都在 1.0 以下，年降水量 450~900 毫米。土壤都较黏重，富含有机质，并受季节性冻土层影响，土壤水分丰富。植被以针阔混交林、次生阔叶林、草甸及草甸沼泽为主，森林资源丰富。

温带干草原栗钙土具有明显的经度地带性，该区系温带半湿润半干旱区，年降水量 400~500 毫米，自然植被为草甸草原和森林草原，局部分布有耐盐性植被及盐渍化土壤。

暖温带落叶阔叶林棕壤带气候温暖，但冬季有冻土层。低山丘陵分布的土壤以棕色森林土及草甸棕色森林土为主，平原地区以玉米、高粱、水稻为主。

二、人文概况

（一）民族

东北地区是我国多民族居住区，主要居民为汉、朝鲜、满、回、蒙古、锡伯、达斡尔、鄂伦春、赫哲、柯尔克孜、鄂温克等民族。

（二）农业

本区土地肥沃，水资源相对较充足，是我国农业重点开发地区，是我国重要的商品粮、大豆、木材生产基地。近50年来，开垦的荒地约为现有耕地的30%，资源优势不断转化为生产优势，现已建成为具有全国意义的农业（粮食、大豆、甜菜）基地，以农区舍饲为主的畜牧业，还是具有全国意义的用材林基地。

本区的粮食品种结构，历史上以盛产大豆、高粱、谷子著称。1949年以来，随着农田基本建设的改善，高粱、谷子逐渐为玉米、小麦、水稻取代。玉米、水稻种植面积的扩展对本区粮食总产量的提高起了重要作用。玉米是发展最快的作物，20世纪五六十年代只占粮食作物的20%上下，70年代后迅速增加到40%以上，分布普遍，以松辽平原最集中，已成为中国的玉米生产带。本区大部分地区受热量条件限制，农作物只能一年一熟，除辽宁南部可种冬小麦外，大部分地区种植春小麦。小麦种植面积占粮食作物面积的22%。黑龙江省小麦面积与产量均占全区的90%左右，其中以松嫩平原、三江平原和黑河地区最为集中。

东北区曾是世界上最著名的商品大豆产地，出口率达50%以上。1949年以后由于区内食用油和工业用油的增加、粮豆比价的限制，以及国际市场的竞争等因素的影响，大豆的产量和出口率大为减少，但本区仍是中国大豆的主产区，其产量占全国大豆总产量的45%左右。东北的大豆质量好，是中国主要出口农产品之一。大豆的分布以平原为主，黑龙江的产量约占全区产量的2/3。大豆可与杂粮轮种，又有便捷的交通条件，有利于发展大豆专业化生产。

三、工业及其他产业

东北地区是中华人民共和国成立后建成的第一个重工业基地。是以钢铁工业为主的冶金工业基地，有以大连、沈阳、长春、哈尔滨、齐齐哈尔为中心的机械工业基地，还有以大庆、吉林、辽阳、大连、盘锦、葫芦岛、抚顺为主的化工工业基地等。

当前，东北地区老机械工业基地遇到的主要困难是产品结构单一、装备陈旧、技术投入不足、产品滞销、行业亏损面广，在国际竞争中处于不利地位。现在正在改造现有企业，推进技术革新，提高企业素质，努力为国民经济各产业部门提供先进的机械装备。

轻纺工业部门比较齐全，棉、麻、丝、毛、化纤等纺织都有一定基础，是全国重要的纺织工业基地。近年来，各省区都开始重视本地产品结构的调整，以轻纺工业为主的消费资料生产得到迅速加强。食品工业具有坚实的基础和发展远景。甜菜制糖厂主要分布在黑、吉二省，食糖产量约占全国的8%。乳制品占全国的37%左右。海盐生产居全国第二位。此外，以人参、鹿茸等为原料的制药业，已形成若干名优产品。建材工业也有相当规模，水泥、平板玻璃等生产能力大，东北区用于建筑材料的资源丰富。主要有高岭土、滑石、石墨、方解石、玄武岩、玻璃用沙、火山灰、建筑用大理岩，以及珍珠岩、沸岩、硅藻土、膨润土等。

四、交通运输

东北地区铁路、公路、管道、内河航运、海运、航空等所构成的四通八达的运输网，促进了地区经济、文化的发展。但铁路"瓶颈"地段较多、通过能力差，有些主要区段的运输能力达到饱和程度，成为影响产业布局的关键。

在东北地区的交通运输网中，铁路居主要地位，约有70多条，营业里程占全国的28%。

东北地区公路建设发展迅速。公路总长已达14万千米，以大中城市为中心形成不同层次的辐射公路网。

海上航运和内河航运离不开港口。以大连港为中心，营口、丹东、锦州港的海上运输已开展。

五、对外开放与边境贸易发展

东北地区具有对外开放的优越区位，不仅海岸线曲折，陆地边境线漫长，而且具有一些良好的对外开放口岸，以及与这些口岸相连的交通线。周边有俄罗斯、蒙古、朝鲜，与韩国、日本也相距不远。从世界地线角度看，我国东北地区及俄罗斯的西伯利亚、蒙古、朝鲜半岛、日本共同构成"东北亚经济圈"。东北地区正处于这一经济圈的中部，为本地区发展提供了有利条件。

第二节　东北地质地貌概述

一、河流地貌

（一）江心洲、心滩——松花江、黑龙江

松花江发源于长白山主峰，全长 1840 千米，流域面积 54 万平方千米，是黑龙江的最大支流，东北地区的大动脉。有两条支流，其一为源于白头山天池的二道白河，另一为源于大兴安岭的嫩江，两条支流在扶余县汇合称松花江，折向东北流至同江县注入黑龙江。

黑龙江的长度在我国仅次于长江和黄河而居第三位，是一条重要的国际界河，流经中国、俄罗斯、蒙古。黑龙江北源为石勒喀河，其上游为源于蒙古人民共和国东北部的肯特山东麓鄂嫩河；南源额尔古纳河，其上源为源于我国大兴安岭西侧的海拉尔河。两河于漠河县西的洛古村附近会合后，始称黑龙江，全长 4478 千米（海拉尔河为源），干流全长 2850 千米，与乌苏里江会合注入后向东北方向经俄罗斯伯力的庙街附近注入鞑靼海峡。

心滩组成物质：主要是粉沙或细沙。

心滩的形成：本区心滩的形成大致有以下三种情形：一是主支流交汇处。在主支流交汇处，主支流两股水流汇集在一起，水流速度降低，搬运不了的泥沙沉积下来，逐渐导致泥沙堆积；二是在束狭河段上游的雍水区，迅速展宽的河段。由于下游河道突然变窄，河水流速变慢，在此形成雍水，泥沙不能被搬运，就沉积下来；三是弯曲河流的凸岸。

心滩的发展：心滩前端水流速度大，易受冲刷，滩尾有一低速区有利泥沙沉积，所以往往滩头侵蚀，滩尾淤涨，心滩不断下移。而在洪水期则相反，滩头会发生雍水而沉积，向上游伸展。经历多次洪水期悬移质的加积，心滩滩面超过平水面时，就转化为汊道型河漫滩，随着河漫滩的不断加积，继而演变为江心洲。江心洲上可以耕作、居住。江心洲的洲头、洲尾物质粗细不一，形态相对较稳定，但也会发生侵蚀和沉积，造成类似于心滩的移动情形。

（1）松花江（哈尔滨地区）

描述：2001 年，由于东北干旱，松花江水位低，原来潜没于水下的浅滩出露，其物质组成特征清晰。而松花江中的太阳岛是一个大型的由浅滩转化而成的江心洲，上面有人类活动，现已成为著名的旅游度假区。

组成物质：因为河流流经冲积平原——松嫩平原，且距离较长，所以在此沉积的物质都比较细，但仍可分辨出下部物质相对较粗，而上部较细的特点。

（2）黑龙江（黑河地区）

描述：大黑河岛是黑龙江上游处露出的一个江心洲，在其上游也有一个心滩式河漫滩出露。

分析：形成的江心洲（心滩）会对水流有进一步的作用，有助于新心滩的形成。因而在心滩上下游 5~7 倍河宽处会有连锁反应，形成新心滩。

（二）河漫滩——霍林河与二道白河

平原地区河流的河漫滩和山地河流的河漫滩不同：平原的河道较浅，河床约束较差，河流往往来回摆动，没有固定的河道，所以形成的河漫滩宽广，一般是对称分布在河床两侧，凹岸侵蚀，凸岸堆积；山地河流的河道一般较固定，河道切割较深，会形成下切的多级阶地。由于谷地受基岩河岸的约束，河漫滩狭窄，宽度较小，且不对称，只限于凸岸。

霍林河是平原河流，发源于大兴安岭东坡。

描述与分析：河漫滩发育宽广，其结构中可见层理。我们所到之处，霍林河在此已变成无尾河，已经无明显河床。由于人为水利工程、修筑公路堤埝，分割了河道，也使洪泛作用（几年一次的洪水泛滥能冲刷河边的盐碱地，改善其盐碱化）被阻隔，河道越来越浅。

二道白河是山区河流，发源于长白山。

描述与分析：其河漫滩发育很好，是由于此处的二道白河河道特别弯曲，在弯曲型河道的凸岸，极易形成河漫滩。由于距河源近、比降大，故水流湍急，河床中的砾石有一定的磨圆度。

（三）阶地——二道白河

二道白河具有多级阶地。在一级阶地上，种植了农作物，二级阶地一般盖有建筑物，是农民的住房。因为阶地面不是完全水平的，因而从高处观察，住房屋顶的高度向河中央方向递减，二级阶地也可以种植庄稼，开辟公路。而庄稼也可以种在高漫滩，有玉米地、次生林，山间农田可以种植大豆、玉米，这是不同于小兴安岭的。

二、火山地貌

（一）五大连池地区

五大连池被誉为"打开的火山教科书"和"火山博物馆"，地处黑龙江省松嫩平原与小兴安岭山地之间的转换地带，在小兴安岭西南侧山前台地上，位于黑龙江省五大连池市境内，地理坐标：东经 126°00′~东经 126°20′，北纬 48°34′~北纬 48°48′。五大连池一带的地区已被定为国家地质公园，区内分布有 14 座因火山喷发而形成的火山锥体、800 多平方千米的熔岩台地和 5 个串珠的火山堰塞湖，即五大连池。

1.五大连池火山群

构造：五大连池地区共有 14 座火山锥，它们是互不相连的独立的孤峰，分列在五大连池东西两侧。若鸟瞰五大连池全貌，可以发现 14 座火山的排列形成了几个"井"字型，其中呈北东—南西走向排列的火山锥共四行；呈北西—南东走向排列的火山锥共三行，大多数火山沿北东 42 度方向排列。

呈北东 42 度方向排列的火山锥，由西往东分别为：

第一列：南格拉球山—北格拉球山。

第二列：卧虎山—笔架山—老黑山—火烧山。

第三列：西焦得布山—西龙门山—莫拉布山。

第四列：东焦得布山—东龙门山。

沿北西方向排列的火山锥由南往北分别为：

第一列：北格拉球山—笔架山以及笔架山东南的盾型火山——药泉山。

第二列：尾山—西龙门山—影背山。

成因：形成这样的排列规律，要归因于本区地下深处岩石的断裂方向。因为构造断裂是岩浆喷出地表的良好通道，而构造断裂在一定区域内有一定的方向性，这就使得岩浆喷出后形成的火山沿着断裂分布。五大连池火山群都属于中心式喷发类型的火山，五大连池火山区位于松辽坳陷与华力西期的大兴安岭褶皱系的衔接部位。在北为小兴安岭西南缘深断裂、西为嫩江深断裂、南部边缘为讷谟尔河断裂、东部边缘为孙吴地堑断裂四条深断裂的围限区内。火山区处于地壳上升和下降过渡部位，构造活动强烈。火山的空间分布表明北东和北西方向上的断裂带是控制五大连池火山区构造活动的主要构造。地球内部的岩浆沿着北东和北西方向两组断裂带及其交汇处喷溢出来，而在地表形成一个个排列整齐的火山锥，造成了今天的布局。

2. 老黑山

老黑山与火烧山是新期火山，喷发时间距今280多年，属于休眠火山。其余十二座较古老，喷发的年代距今较远。老黑山海拔515.9米，相对高差166米，火山锥体是14座中最高的。

描述：锥体的北坡上有一条谷地，是当年熔岩从火山口喷溢出时从北坡外流形成的。锥体的外侧还分布有一系列的寄生火山锥。山顶的漏斗状火山口是岩浆从深处上涌临近地面时发生爆破喷发，继而冷凝而成，直径350米，深140米，内壁陡峭约30度，草木稀疏，只有紫红色、褐黑色的火山碎块组成的岩石和松散的火山的火山碎屑物。老黑山的火山碎屑物质，主要是质轻多孔的黑褐色浮石，还有紫红、黑色的火山砾、火山弹，以及火山碎块组成的岩石。

比较：火烧山与老黑山是同一时期喷发的，但是火烧山周围没有火山灰的踪迹，山上岩石风化很弱，所以山上植被甚少。

3. 熔岩台地

五大连池的熔岩石海景观，颇为壮观，堪称一绝，绵延不断，随波上下，形态各异，面积达800多平方千米。

成因：这是喷出地表的岩浆中的挥发成分（即熔浆）大量逸出，沿地壳表面流动继而冷凝后形成的表面较平缓的台地。熔浆的流速决定于它的黏度、温度，以及地面的坡度。五大连池火山群的喷出物的主要物质成分是富含铁镁的基性玄武质岩浆，它们来自地球内部的较深处，温度高、黏性小、流动性大，所以它们的流速很快，流动的距离很远，熔浆在流动过程中，温度逐渐降低、黏性加大、流速逐渐减小，最后凝固为火山岩，形成厚度不大、分布面积很广的熔岩台地。

五大连池的石龙熔岩是新期火山的喷发物，这些新期熔岩可归为两种类型，即结壳熔岩和翻花熔岩。结壳状熔岩：火红的熔岩在流动过程中，由于表层冷凝早，在遭受挤压、但无明显破碎的情况下，形成厚度约20~30厘米的表壳。表壳不易于传热，且富于弹性和韧性，所以表壳下面的熔岩流可以保持较高温度向前流动，而使表层发生塑性变形而不被撕裂，最后形成各种不同形状的表壳，如波状、绳状、枕状、馒头状、象鼻状等类型。

波状熔岩——下部熔浆的流动使表层形成波浪起伏状而形成。

绳状熔岩——载运波状表壳的熔浆，因流经地形陡缓不同，各部分流速不一致，常使尚未完全凝固的波状皮壳向前翻卷，将皱纹拧成绳索状。一般其绳索都呈弧形弯曲，弧顶指向熔岩流动的方向。

枕状熔岩——炽热基性熔浆，与水体接触，使蒸汽压剧增，导致熔浆分裂成大小不等的块体，并在蒸汽包围中向前滚动而形成。其表层因迅速冷却，多为玻璃质，气孔较多，而内部冷却较慢，结晶程度较好。

馒头状熔岩——其外形像馒头、椭球状，而其内部是一个个大空洞，说明表层受到下部液态熔岩的灼热气体膨胀作用，鼓成圆圆的包。

象鼻状熔岩——熔岩形似象鼻，成因是前进中的结壳熔岩流无法胀破坚韧的外壳，以致前缘和周边部分陡峭的突出于周围地面，而后面不断的熔岩流使其膨胀直至出现裂隙，壳内熔浆涌出并向前流，而小股熔岩流在前进中遇到陡坎向下坠落而形成。

翻花熔岩其前身也是结壳熔岩流，不同的是熔岩流的流动足以撕裂表层，使其形成有棱有角的刺状碎块。这些渣块漂浮在熔浆上向前移动，熔岩流表层流速大，使渣块不断向前滚落，而熔岩流则又覆盖住这些掉落的碎石。当熔岩流溢流的距离达到一定程度后，前进的速度越来越慢，直至前缘部分的流速不足以盖住碎石，于是渣块堆积。所以在翻花熔岩的前端，出现熔岩流推挤而成的渣块堆积物，即前缘陡坎。

4. 熔岩隧道

原理：形成于熔岩内部的地下通道，多呈水平状，延伸距离不等。一般是地面熔岩凝固后，内部熔融岩浆继续流动而留下的空洞。

在老黑山北麓，有两个洞穴——仙女宫和水帘洞，它们便是熔岩隧道。与桂林等石灰岩地区经过地下流水溶蚀而成的石灰岩溶洞成因不相同。

仙女宫主洞长 25 米左右，宽数米，高约 2~3 米，洞内温度很低。洞顶及两壁熔岩呈紫褐色与黑灰色，有些还有因在暗道中受高温溶岩的烘烤而成的晕色。洞顶布满熔岩钟乳，其个体较小。水帘洞的景观与仙女宫差不多，隧道底部全部淹没在水下，雨水、雪水从洞顶渗落。

成因：老黑山火山口喷溢出来的熔岩流沿着北坡谷地而下，熔岩表面开始冷凝，而壳下熔岩仍保持高温熔融状态，继续沿地下渠道，向低处流。与此同时，顶板的液态熔岩在重力作用下坠落，生成熔岩钟乳。当表层下的熔岩流逐渐减少直至流光后，剩下一条空心的地下管道，这就是熔岩隧道及洞穴。

5. 喷气锥和喷气碟

在火烧山的东麓和北面的四池、五池两岸的翻花熔岩上，矗立着许多石塔，这是液态熔岩喷气作用的结果，叫作喷气锥。有塔形、锥形、冢状等各种形态，但它们的腹腔总是空的。

成因：在潮湿多水的沼泽地带，下部富含气体的液态熔岩，在表层的薄弱地带间歇性喷出地面，在喷口四周形成环状熔岩饼堆积而成。喷气碟则是喷气锥的雏形。

6. 火山堰塞湖（五大连池）

成因：五大连池地势自北向南倾斜，火山喷发时，熔岩流冲向地势低洼的讷谟尔河的支流——白河，遇水冷凝成坚固的岩石，阻断了其上游的水流，被截成相互连接的五个串珠状湖泊，地质学上称之为堰塞湖。五大连池因此而得名。

描述：五座池之间相互贯通，纵长 20 千米，池水面积 90 平方千米，最深处百余米。其中三池最大，其西南依次为二池、头池，其西北依次为四池、五池。五池底是砂、砾石、淤泥，四池底是砂子和淤泥，三池底是熔岩、砂子各半，二池底大部分是熔岩，头池底全是熔岩。湖水偏碱性，富含各种有机质和矿物质，如氧、硅酸盐、磷酸盐。五个池的池水从北向南流入讷谟尔河。

（二）长白山火山地貌

长白山位于吉林省安图、抚松、长白三县交界处，东经 126°55′~ 东经 129°，北纬 41°23′~ 北纬 42°36′ 的地带。它是中国与朝鲜的界山，山体呈东北—西南走向。随海拔自下而上主要由玄武岩台地、玄武岩高原和火山锥体三大部分构成。山巅形成火口湖——天池，是松花江、鸭绿江、图门江三江之源。区内海拔高差近 2000 米。在广阔的玄武岩台地和玄武岩高原上是火山锥体——长白山主峰。长白山是一座复合式盾状的休眠火山（距最近一次喷发时间约 300 年）。最高峰将军峰在朝鲜境内，海拔 2749 米。境内最高峰是白云峰，海拔 2691 米。玄武岩台地（又称山前熔岩台地）地域面积比较广阔，海拔在 1000 米以下，相对高差 200 米，地势比较平缓。玄武岩高原（又称山麓倾斜高原）介于玄武岩台地和火山锥体之间，是比较明显的倾斜地带，地面坡度一般在 10 度左右，海拔约 1000~1800 米，是陡峻的火山锥体向玄武岩台地的过渡地带。

1. 形成过程

长白山火山群面积达 2274 平方千米，分布着近 100 座火山锥，火山喷发时玄武熔浆一泻千里形成广大的玄武岩台地，高出平地数十米到上百米。著名的长白山主峰，是一座海拔约 2700 米的高大火山锥，火山锥座落在熔岩高原和熔岩台地上。火山口则是一泓碧水，悬于天际。在地质历史上，长白山经历了多次火山爆发，才形成今天的地貌景观，新生代火山作用可分为三个地质时期。

第一时期：是在第三纪喜马拉雅造山运动时期，长白山地区先后经历了 4 次火山喷发活动，基性玄武岩浆从上地幔出发，沿着地壳中狭长线状断裂不断上涌，以巨大的能量喷出地表，火山碎屑物较少，这是裂隙式喷发。岩浆喷发将原来的岩石及早期岩块、火山灰等喷向空中，继而降落到火山口周围，堆积形成火山地貌。与五大连池熔岩台地同样的机理，长白山区形成广阔的玄武岩台地，这也是后来形成的长白山脉的基底。

第二时期：是在第四纪中期至晚更新世期间，地质上称为白头山期。这个时期的 4 次火山爆发是中心式爆发，是地下岩浆沿着断裂的交叉处形成的通道上涌，形成地表的火山锥体。第一次喷发是在距今 60 万年左右，喷出物构成长白山火山锥体的底板；第二次是在距今三四十万年，岩层分布广，厚度大；第三次在距今一二十万年左右喷发，形成长白山的火山锥体形态；第四次在约 8 万年的小规模的火山活动，熔岩流覆盖在火山锥体上。长白山主峰这时形成。

第三时期：是在第四纪全新世期间，火山复活，喷出了大量灰白、淡黄色浮岩，由于爆发猛烈，使火山锥顶部塌陷，形成漏斗状火山口，熔浆在火山通道内逐渐冷凝并堵塞火山通道。而火山口逐渐蓄水成湖，形成火口湖，即天池。

此后，长白山除了有过几次小规模的间歇式活动以外，一直处于休眠状态。由此可见，正是由于晚第三纪以来长白山频繁而强烈的火山活动，才形成了如今南北达 310 千米，东西宽 200 千米，总面积超过 6 万平方千米的长白山，其中长白山区新生代火山地貌的分布面积超过 30 000 万平方千米。

2. 长白山主峰

长白山巅的天池周围屹立着 16 座高耸入云的山峰，它们的高度均在海拔 2500 米以上，这 16 峰的形成也是长期复杂的地质作用的结果

成因：在以天池为中心的多次火山喷发作用过程中，火山喷发物堆积在火山口周围形成环状巨型火山口壁，而强烈的火山作用使火山口壁产生了许多放射状裂隙和环状裂隙，而后沿着裂隙岩石逐渐风化、破碎、塌落，使原来环状的火山口壁分割形成若干山峰。其中白云峰为长白山主峰，它位于天池西侧，海拔 2691 米，居 16 峰之首。峰顶由灰白色、灰黄色的浮石构成，有 40 米厚。

3. 天池（松花江正源：天池水—乘槎河—二道白河—二道江—松花江）

长白山山巅的火山口湖，是我国最大最深的高山湖泊，是中朝两国界湖。湖面海拔高度 2189.7 米，南北长约 4400 米，东西宽约 3370 米。椭圆形的湖面面积 9.82 平方千米，平均水深 204 米，最大水深 373 米。年平均降水量 1333 毫米，年平均水面蒸发量 450 毫米，总蓄水量 20.4 亿立方米。盛夏，天池的水温只有 8~10 ℃。

成因：第四纪火山爆发的火山口积水而成的火口湖。

水源：天池水源是以大气降水补给为主，以地下泉水补给为辅。

（1）长白山多雨雪，且天池又位于长白山主峰之巅，地面积水面积21.4平方千米，可接受大量的大气降水。天池从开始封冻（9月初）至次年6月初，即积雪和浮冰融化之前，无降水补给。于是天池外泄流量渐渐减少，水面逐渐降低，而天池减少的水量略小于外泄的总流量，故大气降水为主。

（2）天池水外泄有径流和地下泉水两种，冰冻时期以后者为主，外泄量显著减少。据资料统计，天池每年排出的径流总量大于天池内的年降水总量，降水占60%左右，所以还有其他来源。据观察，冬季天池有一狭长水域不封冻，还有许多泉眼，湖底有喷泉水涌出，所以也有地下泉水补给。

天池上空气候瞬息万变：两股空气源源不断吹来并沿坡上升，在天池上空向遇，若这时以潮湿的气流为主，便凝结成云和雨；如果以干冷空气为主，则为晴天。若饱和水汽在干冷气流影响下便形成雾。

4. 长白瀑布

位于天池北侧，乘槎河的尽头。乘槎河流完1250米长后，从陡崖跌下，形成落差68米的瀑布。瀑布的台阶称为裂点，如果是几级裂点则反映间歇性上升。长白瀑布从海拔2200米处下注跌水。由于落差大，水柱冲击岩石而形成20多米深的水潭，流水溢出，形成二道白河，即松花江的正源。

5. 长白温泉

位于长白瀑布北900米处，在1000多平方米的小范围内，有10个涌水口。长白温泉属高热温泉，水温60 ℃以上，最高达82 ℃，可将鸡蛋煮熟。

成因：长白山最近一次喷发距今290年，所以提供了大量的地热。该区大气降水的一部分沿断层、裂隙渗入地下，被逐渐加热成热水。地下热水承受着侧面地下水的巨大压力和热对流作用，沿着岩石的裂隙、断层等压力小的方向，从深部涌出地表而形成。

6. 峡谷浮石林

长白山峡谷浮石林，是火山灰形成的极具观赏价值的地貌。

成因：是火山爆发后的火山灰与火山碎屑受西南风影响堆积而成，在雨水冲刷下形成各种形态，林中谷底的宽度与上部差不多。大部分火山灰呈棕黑色，也有的因为发生风化或变质而变色。物质颗粒很细，但堆积得很厚。由谷壁自上而下不同的颜色可看出，这是几次的火山喷发物堆积而成，据考察，最晚一次是在1215年前后。在长时间风化淋溶作用下，形成了形态各异的火山灰石林。

特征：谷地宽度和上部两侧谷壁之间的距离差不多，谷壁陡峭，这种类型的峡谷称为嶂谷。谷底的河旁有许多乳黄色的浮石，该处浮石上的气孔与五大连池火山相比致密得多。

浮石：在长白山峡谷浮石林里的溪水中，随处可见漂浮在水面的浮石。浮石是一种容重小（0.3~0.6）、多孔的玻璃质酸性火山岩。它是全新世火山喷发时形成的。它具有蜂窝眼状的空洞。具有这种构造的原因：一方面，当岩浆喷溢出地表后，因外部压力降低，其中高度分散的挥发便逐渐在上部集中而成为气体，然后气体再聚集成气泡，并向上浮动；另一方面，因温度降低，岩流表层黏度增大，阻止气泡的浮动。这样，尚未溢出的气泡保留在冷凝后的岩石中形成了空洞。据测定，浮石体内有45%的孔隙。它是一种很好的建筑材料，具有经济价值。这种浮石，在五大连池也有，叫作搓脚石，据说有治病的功效。可能是因为它多孔的结构用来搓脚，可把脚上的污垢祛除。

炭化木：在浮石林的一个谷壁里，可清晰见到一根完整的被烤焦的树木，年代大约在1153—1230年，由于碳14测定碳化木大多是随机取样的，而树木中心至边缘的年龄有时会相差数百年，所以尚需高精度树轮矫正曲线匹配拟合，以获得火山喷发的年代。

三、海岸地貌（大连）

辽东半岛是胶辽隆起带的一部分，地形以丘陵为主，岩性古老。有长白山向西南延伸过来的千山山脉，是长白山的余脉。由太古代片麻岩、片岩、震旦纪石英岩、矽质灰岩等构成。辽东半岛的海岸线成北东走向，其东西两侧岸线受大断裂控制，半岛港湾岸发育。

此处以基岩海岸为主，辽河以东则是以泥滩为主。沉积韵律粗细相间代表了不同的海面。在波浪作用下，泥沙从陆到海，由粗变细，而在潮汐作用下，就是以泥质带为主了。大连老虎滩是向东南开口的港湾，港湾中部开阔，门口收聚，四周为石英岩、页岩低山丘陵，形态浑圆，顶部基岩裸露。

（一）海岸侵蚀地貌

大连一带是我国基岩最典型地段，海蚀崖悬垂陡峭，最高达40~50米。海蚀柱似桅樯般地耸立于岸边，而海蚀洞穴晶莹地点缀其间。

老虎滩外侧有一高40米的悬崖，悬崖基部有海蚀穴和海蚀柱。有数级海蚀平台，向海微倾，因陆地上升或海面下降而高出海面，成为海蚀阶地。还有呈柱状岩体的海蚀柱，其中石英成分很多，岩石坚硬，有节理发育，且从柱上的层面可看出多次波浪侵蚀的痕迹。海蚀崖颜色的变化反映出海水位在冰期和间冰期的变化。

1.海蚀崖—海蚀洞穴—海蚀崖（新）

海蚀崖的后退速度主要取决于岩性和外营力作用。坚硬的岩石受侵蚀后退缓慢，较松软的岩石后退快。外营力中以崩塌为主要因素，其次为波浪和海流作用。

海蚀崖形成与岸线后退分为几个阶段。基岩海岸水边线处，长期受海浪冲刷侵蚀破坏，使岩基凹进去形成一个槽或洞穴，槽或洞穴上部岩体破碎塌落，海岸后退形成海蚀崖。从悬崖上崩塌下来的岩块，堆积在海蚀崖坡脚。这些岩块被波浪冲刷带走，并把它们滚磨成碎块，波浪携带这些碎块去撞击新的海蚀崖，再形成新的凹槽——海蚀洞穴，又产生海蚀洞顶部岩体崩塌，随后再一次形成新的海蚀崖。这样，使海岸线不断地向陆后退。

2.海蚀平台—海蚀阶地—海蚀洞穴—海蚀崖—海蚀平台

在海蚀崖不断后退的过程中，随着地质构造活动造成地壳抬升的影响，海蚀平台慢慢高出海面，原先的海蚀平台逐渐发育成为海蚀阶地。接着海蚀阶地的前缘斜坡雨水边线交接处又受波浪冲刷侵蚀逐渐形成新的凹槽，进而发展成海蚀洞穴，然后使洞顶部岩体崩塌，最后又形成新的海蚀崖。前边的海蚀平台则再度逐渐发育成新的海蚀阶地，依次下去，循环不已。在沿海地区经常见到的20米、40米和60米不同高度的海蚀阶地就是这样形成的。

3.海蚀壁

在老虎滩向北的海蚀崖上，有红灰相间的环形图案，类似于抽象画，说明波浪间歇性的侵蚀、风化和氧化作用。由于波浪的磨圆作用使突出的岩石变圆，同时表层由于铁离子的氧化作用而变红，风化及波浪作用侵蚀掉表层后新出露的岩层则为灰色，由此呈现出形态各异的环形图形。

崖壁上同时存在有 X 状节理，是由于岩层挤压形成，其判断时间的先后的标志是后期的节理切穿前期的节理。在节理处由于裂隙石英侵入后形成石英脉。

（二）岬角

海岸线的走向是北东方向，与构造线方向一致。由于受到北西方向构造影响，海湾部分的水又较深，所以在港湾处形成了港湾岬角。主要是舒缓的背向斜褶皱，向斜低洼填充了许多细颗粒物质，同时存在一条特别发达的共轭节理。如果是 X 形的节理，它的形成是有先后的。

（三）沙滩，砾石滩

港湾为硅质页岩，海蚀产物经磨蚀成卵石，在港湾中堆积成小型卵石海滩。这是以波浪侵蚀为主的海岸，由陆向海，物质由粗到细，由于不同水位时的波浪作用，砾质海滩上的物质呈现由粗到细，再到粗的序列。

海滩上的沙石磨圆度都很高，粒径由陆向海主体上由粗向细，这是以波浪作用为主的结果。粗细粒相带的反复出现，反映了水位的高度的短期变化。

四、山地地貌——小兴安岭

黑龙江沿岸至松花江以北的山地总称为小兴安岭，平均海拔400~600米，为北西—南东走向，相对高度100~200米左右，山势和缓，河谷宽展。所以我们一路上经过各山岭与谷地（我们的走向是穿过各条岭）也没有翻山越林的感觉。小兴安岭两侧坡度不对称，东坡短（陡），西坡长（缓）。

地质构造：以铁力—嘉荫一线可分成南北两部分，这是由于不同的构造背景造成的。南部地层较老，是由于中生代末的华力西运动造成的，以变质岩、花岗岩为主，北部地层较新，与俄罗斯境内的山体连为一体，上第三纪末抬升，故地表为第三纪陆相沉积物覆盖，没有完全成岩，易侵蚀。

在黑河附近因修公路的缘故，山路两边的山地剖面十分清楚，就我们所见，第三纪沉积物松散、未成岩。可见在第三纪时这里是与松嫩平原连为一体的低地，到上新世末、更新世初才断裂抬升为山地。

五、平原地貌——松嫩平原

松嫩平原是中生代时形成的一个构造盆地，接受了大量沉积，沉降的幅度西部相对较大，整体上向西南倾斜。平原周缘为山麓洪积、冲击堆积，地质上现已呈现出丘陵、岗地的景观。海拔一般在250~300米。中部为坦荡的冲积平原，海拔一般在200米左右。平原中心地带海拔在150米左右，地势低洼，湖沼广布，但局部地区水分条件较差，呈现出半干旱的干草原景观。松嫩平原东部、西部、北部和南部水热条件有一定差异，显示出一定的区域分异，因而反映在农牧业上也有一定不同，但不管怎样，作为我国重要的商品粮基地之一，其农牧业的潜力还是很大的。

第三节　东北地区土壤植被

一、植被类型及其分布

农业植被有玉米、大豆、小麦、水稻等。北安县以南是以玉米为主（黑土），北安县以北以大豆为主（黑钙土、灰钙土为主）。自然植被有森林、草地、沼泽等。

（一）森林植被

东北地区是我国最重要的天然林区，据统计包括森林、防护林、疏林、灌木林共有 3500 多万公顷，占土地总面积 46%。集中分布在大、小兴安岭和长白山区，其中天然林 3100 多公顷，占 90%，人工林占 10%，森林总蓄积量为 29 亿立方米，森林覆盖率 36%，是全国平均森林覆盖率的 3 倍。

构成东北地区森林的各类树种在 300 种以上，其中经济价值较高的有 50 多种。针叶树较重要的有樟子松、红松、云杉、臭松、落叶松等，阔叶树有水曲柳、黄菠萝、胡桃楸、柞树、黑桦、白桦、枫桦、榆椴、山杨、柳树、白杨等，其中珍贵的红松、水曲柳、黄菠萝、胡桃楸在全国占有举足轻重的地位。

除大兴安岭北部以落叶松为主的寒温带针叶林外，其余均为以红松为代表的温带针阔叶混交林。小兴安岭和长白山红松阔叶混交林区气候温和，自然条件好，故植物种类较为丰富，地带性植被为红松阔叶林混交林。长白山植被表现出明显的垂直分布规律。近几十年来由于森林的大量采伐和火烧等人为作用，原生植被破坏严重，形成大面积的由蒙古栎、白桦、落叶松等为优势种的次生类型。

大小兴安岭和长白山地横亘东北边境，是条绿色的天然屏障。平原地区建国后营造了以防护林为主的人工林，但树种比较单一，以杨树为主，森林覆盖率一般在 5% 左右。

（二）农作物

东北是我国粮食、大豆、甜菜等作物的生产基地。其中玉米、大豆、甜菜的产量分别占全国的 32%、45% 和 54%。在农作物中，粮食作物约占全区总播种面积的 65% 左右，主要粮食作物为玉米、小麦、水稻、高粱、谷子等；经济作物约占总播种面积的 25% 左右，其中大豆占 15% 左右；其他经济作物有甜菜、亚麻、棉花、花生、烤烟等。粮食商品率高，经济作物比重大，是本区农业的重要特点。

（三）湿地

湿地的定义是不问其为天然或人工、长久或暂时性的沼泽地、泥炭地或水域地带，静止或流动的淡水、半咸水、咸水水体，包括低潮时水深不超过 6 米的水域。湿地是一个很大的概念，包括多种类型，往往人们都不怎么了解。而且湿地有巨大的功能，往往被人忽视，使湿地遭到破坏。

东北湿地的形成：从自然地理角度看，我国东北地区是典型的温带和寒温带大陆性季风气候，冬季严寒漫长，夏季短促凉爽，气候冷湿。冬季长期积雪在春天融化，浸润土壤。由于气候严寒，东北地区广泛分布有深厚的季节性冻土和多年冻土，这就阻碍了土壤水分下渗，使表层土壤经常处于过湿状态。夏季降水集中，经常暴雨如注，7—9 月降水量占全年降水的 70%~80%，这样在地势低洼、排水不良的地方沼泽化现象十分容易发生。东北地区冷湿的气候特征和优越的地形条件，使这里成为我国淡水沼泽最为广大的地区。

本区沼泽的分布主要取决于影响沼泽形成的水热条件，而水热条件既受纬度地带性因素制约，又受地质地貌等非地带性因素影响。其分布特点是：

（1）沼泽面积由北向南递减。黑龙江省的沼泽面积最大，占全区沼泽总面积的 80%，吉林省则不足 20%。

（2）山区多泥炭沼泽，平原多潜育沼泽。山地降水多，气温低，水源补给稳定，土壤过湿，长期处于嫌气状态，植物残体不易分解，有利于泥炭积累。泥炭层有由北向南增厚趋势。而平原区的沼泽，则是因地势低平、地表径流不畅，水分聚集而形成的。平原降水较少，气温较高，水源不稳定，在少雨年份沼泽干涸，出现好气环境，植物残体分解加强，泥炭不易积累。只是在局部洼地有地下水补给、水源稳定地段，才有泥炭的形成和累积。

（3）大、小兴安岭沼泽分布广，类型多。根据沼泽发育状况和沼泽植物的差异，可分为木本泥炭沼泽、草本泥炭沼泽、藓类泥炭沼泽、潜育沼泽等类型。长白山沼泽主要分布在谷地底部或阶地上，缺少坡地和分水岭沼泽。沼泽体的规模较小，草本沼泽多于森林沼泽。三江平原是我国沼泽分布率最高的地区之一，沼泽分布率达 20%，其东部高达 30%。本区沼泽发生发展过程以草甸沼泽化为主。在沼泽化过程中，由于水分不稳定，少雨年份沼泽干涸，有机体进行好气分解，所以大多没有泥炭积累，仅有 20 厘米左右的腐殖质层，多为潜育沼泽。潜育沼泽占本区沼泽面积 80%。松嫩平原沿嫩江和松花江干支流的河滩地，都有沼泽分布。本区以芦苇沼泽为主，主要分布在乌裕尔河、洮儿河和霍林河下游漫滩地。嫩江下游的闭流区内，除无层河地表水影响较大外，地下水出露是沼泽形成的主要原因。因该区土壤质地轻，地表水易于下渗，而在土层下部常有不透水层，因此在风蚀洼地上，由于地下水出露地表而形成大片沼泽。

三江平原小叶樟禾草草甸和苔草沼泽地：本区虽属温带针阔叶混交林带，但由于降水集中于夏秋，排水不畅，洼地多常年或季节性积水，故沼泽、沼泽化草甸和典型草甸植被共同组成低平原的自然景观。

（四）草原

沿讷河—齐齐哈尔—嫩江—洮南—向海水库—通榆—长岭—白城一线，自东向西，从半湿润到半干旱地区，我们沿途领略了由草甸草原向荒漠草原过渡的景象。

草甸草原又称为杂草类草原，集中分布在东北平原和内蒙古的东北部，位于草原向森林过渡的地区。草甸草原种类组成丰富，覆盖度大，生产量较高。主要建群种有贝加尔针茅、吉尔吉斯针茅、白羊草、羊草。

松嫩和辽河平原草甸草原区：本区大部分属于湿润气候，适于多种作物生长，为主要的农业区。除北部和西部尚有一些天然植被外，大部分地区均已开垦为农田。西部双辽以北，主要以羊草草原为主；地形较平坦而低洼的部位形成盐滩；东部山地和中部平原的过渡地带，形成一条森林草甸草原植被。

二、土壤类型及其分布

冷、湿是东北地区的主要特征，所以土壤是以黑土、黑钙土、暗棕壤为主，有机质含量高。冻土是东北区冷湿环境的综合反映，同时它也影响其自然环境的形成和发展。

季节性冻土在东北普遍存在，冻结层冻结和融解时间，随各地气温而异。从南向北冻结厚度逐渐加大，冻结时间逐渐加长。

多年冻土主要分布在大、小兴安岭地区，属于亚欧大陆高纬度多年冻土区的南缘地带。其分布自西北向东南，面积逐渐缩小，厚度相应变薄。

冻土的存在，反过来又对东北区景观的形成和发展有重大影响。冻土的存在，增加了气候寒冷程度，冻层影响地表水下渗，使土壤表层处于经常过湿状态，引起森林沼泽化。树木的根系不能自由地向纵深处生长，易被大风吹倒或形成"醉林"。幼苗根系不易下扎使森林更新困难。多年冻土区是冰缘地貌产生的主要场所。冻土抑制河流的下蚀作用，河流迂回曲折，侧蚀作用加强，河谷加宽，并形成不对称河谷。冻层的部分融解，春季融雪水迅速汇入河床，形成明显春汛。冻层的存在，影响土壤水分状况，再加上降水较多，土壤中有"上层滞水"，因而东北土壤具有不同程度的水成性特征，草甸土与沼泽土广泛分布。此外，由于冻层的存在，阻止了水分下渗，减弱了土壤淋溶过程，促使矿质元素在土壤内部的循环而免于过多的淋失。这种特殊水成状况，加上茂密的草本植被，也为东北平原创造了完全不同于黑土草原的自然环境，而形成草甸草原景观。总之，冻土的存在，使东北区的自然条件更加复杂，并且有独自的景观特征。

三、长白山概况

长白山是一座自然生态系统保持得十分完整的温带山地生态系统的自然博物馆，动植物种类繁多，恰似欧亚大陆北半部动植物资源的一个缩影。尤其野生植物资源极为丰富，共有野生植物 2540 余种，其中真菌类 430 多种，地衣类 210 多种，被子植物类 1460 种。如第三纪的稀有种黄菠萝、水曲柳、胡桃楸、红松等，有第三纪末、第四纪初冰川作用遗留下来的高山笃斯、越橘等，还有间冰期遗存的北五味子、山葡萄等。被列入国家重点保护的就有 24 种。

长白山山势高峻，地形起伏变化大，自然环境复杂多样。从山下到山上随着海拔高度的增加，以及其他因素（风力强度、气压、二氧化碳含量、日照强度等）的影响下，气候、土壤、生物等呈现明显的带状分布，不同的自然景观带也随之呈现有秩序的更替，垂直变化显著。从山脚到山顶，其垂直分带景观好似经历了欧亚大陆从温带到极地几千千米的变化。依次为针阔混交林带、针叶林带、岳桦林带和高山苔原带。（见表 5-3-1）

表 5-3-1　长白山北坡垂直分布带

气候带	温带	寒温带		寒温带	寒带	
土壤	山地棕色森林土	山地针叶林土		山地草甸土	高山苔原土	
海拔/米	<1100	1100~1800		1800~2000	>2000	
		<1400	1400~1800		2000~2300	>2300
景观带	针阔叶混交林（红松阔叶混交林）	针叶林（云冷杉林）		岳桦林（岳桦曲矮林）	高山苔原（高山冻原）	
亚带		明针叶林（下部针叶林）	暗针叶林（上部针叶林）		灌木带	冻荒漠（植被稀少）

第四节　东北地区人文地理

一、城市人文状况

（一）哈尔滨

1. 基本情况

哈尔滨位于黑龙江省南部，是黑龙江省省会，京哈、滨洲、滨绥、哈佳、拉滨诸干线交会处。市内松花江由西向东蜿蜒而过，是一座自然风光美丽、建筑风格独特的城市。面积 6929 平方千米（市区 1637 平方千米），旅游名胜颇多，以冰雪节最负盛名。

2. 发展状况

哈尔滨具有欧洲的城市风貌，这与它的历史密不可分。哈尔滨本地人为满族，"哈尔滨"乃是满语"晒网场"的意思，后山东、河北等地人闯关东，定居于此，人口渐多。1898 年以前，它还是一个渔村，城市随着"东清铁路"的修建而兴起，曾有 15 个国家的领事馆、36 国的侨民，共 10 万多人。第一次世界大战后，哈尔滨民族工业迅速发展。在其发展过程中受西方文化的侵染，各式建筑异彩纷呈，各具特色，成为一个建筑艺术博物馆。美国式、近代主义、巴洛克式、犹太式、俄国传统式、中国古典式……各种建筑风格汇聚于此。其中的教堂建筑，无论是建筑艺术水平还是数量和规模，都很可观。成为哈尔滨市文化特色和景观风貌的一个重要组成部分。西方人也给哈尔滨带来了电影、芭蕾、交谊舞、滑冰、拳击、足球、……当然在这些繁华的背后，中国的劳苦大众也饱尝苦难。1949 年后，经过 70 多年的建设，哈尔滨已经发展成为以机械工业为主、部门齐全的综合性工业基地，尤以锅炉、汽轮机、电机三大动力最为著名。哈尔滨不仅是中国集结干线最多、沟通欧亚"大陆桥"的重要一环，也是松花江上最大的河港和东北最大的国际航空港。主要名胜有太阳岛度假旅游区、儿童公园等。

3. 主要景观

圣·索非亚大教堂可谓是哈尔滨最具特色的人文建筑，它坐落于哈市道里区中心地带，是远东地区最大的东正教堂，具有典型的拜占庭式风格。原是沙俄东西伯利亚第四步兵师的随军教堂。1907 年，在随军教堂基础上重新建一座木制教堂（现已毁）。由于教徒数量增加，1923 年又举行了第二次重建典礼，1932 年落成并保留至今。教堂由俄罗斯著名建筑师设计，通高 53.35 米，建筑面积 721 平方米。1960 年以前，该教堂主要用于宗教活动，其内有三个唱师台；"文革"时，许多吊灯、壁画被破坏，后来被修复。1996 年 11 月被国务院列为国家级重点保护单位。1997 年成为哈尔滨市建筑艺术馆和建设艺术广场，其中展示了许多哈尔滨城市历史、现代社会、外来文化的图片，成为哈尔滨独具异国情调的人文景观，同时，它也是沙俄入侵东北的历史见证和哈市近代历史的重要珍迹。

防洪纪念塔位于松花江岸中央大街终点广场，由圆柱形塔身和古罗马式的半圆形回廊组成，高 13 米，回廊高 7 米。它是为纪念 1957 年哈尔滨人民战胜特大洪水的袭击于 1958 年建立的。塔身底部的水位线为当时最高水位 120.89 米。塔身以浮雕形式描绘了抗洪的生动情节，塔顶则是工农兵和知识分子的英雄形象。

中央大街始建于 1898 年，初称"中国大街"。大街北起松花江防洪纪念塔，南至经纬街，是哈市最繁华的商业街，也是目前亚洲最长的步行街之一。街旁有许多欧式及仿欧式建筑，多达 71 栋，并汇集了文艺复兴、巴洛克及现代多种风格市级保护建筑 13 栋，是一条珍贵的艺术长廊，是蕴涵着深厚文化的商业街。

（二）黑河

1. 基本情况

黑河市位于黑龙江省北部，处中国东北边境，北纬 47°42′~ 北纬 51°03′，东经 124°47~ 东经 129°18，是国内纬度最高的地级市，属寒温带大陆性季风气候。黑河幅员辽阔、资源富集，北西—南东走向的小兴安岭山脉斜穿全境，全市大体为"六山一水一草二分田"，辖"二市三县一区"（北安市、五大连池市、嫩江县、孙吴县、逊克县、爱珲区），幅员 66 803 平方千米，有 32 个民族。

2. 独特的区位优势

市区以黑龙江主航道中心线为界，与俄罗斯的布拉戈维申斯克市（海兰泡，俄罗斯远东第三大城市）毗邻，是中俄 4374 千米边境线上唯一一对规模最大、规格最高、距离最近、功能最全的对应城市，最近距离只有 800 多米，与俄罗斯有 358 千米的边境线，沿黑龙江有黑河、逊克、孙吴三个国家一类口岸，是入俄市场最为理想和适中的通道和枢纽。

3. 主要景观

具有"北方沙头角"之称的大黑河岛位于黑龙江主航道中方一侧，总面积 0.87 平方千米，与黑河市区以一桥相连。其基本设施完备，具有开展跨国民间互市贸易和建立自由贸易区的良好条件，是具有综合功能的对外经济区域。其上的大黑河岛国际商贸城，采用现代化的建筑风格，布局合理，是从事各种边境贸易活动的场所，一个新型的集旅游与贸易功能于一体的游览场所。根据中俄两国元首发表的联合公报，这里被批准为中俄边民互市贸易区。其中有俄罗斯公民设立的专柜，也有中国公民摆设的俄罗斯商品。不过就我们所见这里没有想象中的繁荣，有些据称是俄国的商品其实来自国内，各商家的商品大量雷同，经营并不规范。

瑷珲古城位于今黑龙江省黑河市爱辉区。瑷珲原为远东第二大城市，也是黑河市的前身，沿黑龙江而立，十分繁华。因清政府的腐败无能，1858 年《中俄瑷珲条约》签订后，今黑龙江以北、乌苏里江以东广大地区先后被沙俄占据。东北共有 100 多万平方千米领土被割占，丰富的资源随之被夺，黑龙江从一条内河变成了界河，对岸的老百姓惨遭涂炭，瑷珲也渐渐失去了往日的光辉。城中有一老松，相传是 1855 年 5 月 28 日，清朝投降派黑龙江将军奕山与沙俄拉维约夫签订《中俄瑷珲条约》后，为纪念这次会议而种下的。现今这棵松树历经炮火洗礼，仍然生长在那里，被称为耻辱松。

（三）五大连池

五大连池风景名胜区位于黑龙江省北部，全区总面积 1060 平方千米，它以火山自然景观而闻名，被誉为"天然火山博物馆"，属世界级火山地质遗产。由于火山岩浆阻断白河，形成了五个火山堰塞湖，五大连池也因此得名，五池由大到小为：三池六脚湖，五池如意湖，二池鸡身湖，四池元宝湖，一池鸡头湖。

火山群南部的药泉山火山，有四孔很有医疗价值的温泉，现已开发利用，即南泉、北泉、南洗泉和翻花泉。这里现有多所中央和各省市的疗养院（所），为中国最大的冷泉疗养区。五大连池风景区的开发还在进行之中，一些项目还在招商引资的阶段。它以火山资源为依靠，开发火山景观，利用低温矿泉，开发矿泉水饮品及矿泉日用化妆品，还有此地特有的矿泉水稻。

五大连池景色壮丽、风光奇异，夏季气候宜人，是个迷人的旅游胜地，因此1985 年建立了一座新兴旅游城市——五大连池市。

（四）长春

1. 基本情况

长春市位于吉林省中部，是吉林省的省会，属大陆性季风气候。长春被称为汽车城，"解放牌"汽车产于此。高校区位于长春南部。长春大街两旁有很多 20世纪三四十年代植的树，炎夏，树阴遍地，很是清凉，有"塞外春城"之称。长春也是一座近代兴起的城市，始建于 1800 年，是闻名中外的"汽车城、电影城、科技文化城和森林城"；也是全国重要的玉米、大豆生产基地和全国少有的知识密集区之一，现在汽车、农副产品深加工和高新技术已成为长春市的三大支柱产业。在历史上曾经是伪满洲国的首都，所以有很多的日式建筑，如"八大部""伪满皇宫"等。

2. 主要景观

伪满洲国皇宫是中国末代皇帝爱新觉罗·溥仪充当伪满洲国皇帝时居住的宫殿，也是溥仪日常生活及政治活动的场所，位于市东北角，占地面积 12 公顷。解放后经过多次修葺，现已成了知名的旅游景点与爱国主义教育基地。由勤民楼、辑熙楼、同德殿等一组建筑组成。宫内展有溥仪及众妃们的腊像，以及各种图片，是溥仪 14 年傀儡生活的写照。皇宫现在总面积只有原来的十分之一，如今跑马场等附属场所已被用于居民活动。

长春电影城建于 1985 年，位于长春市西南，与长春电影制片厂毗邻。电影宫是其中一个展区，游客在其中可以了解电影制作原理，参观各种道具、摄影棚、电影特技制作等。长春电影制片厂是中华人民共和国最早的一个电影制片厂，被称为"新中国电影的摇篮"，有许多佳作广为流传。

（五）大连

1. 基本情况

辽东半岛南端著名的海港和工业城市，位于辽东半岛南端，北纬 38°43′~ 北纬 40°10′、东经 120°58′~ 东经 123°31′。大连地区土地面积 12 573.83 平方千米，辖 3 市（县级）1 县。大连全地区海岸线长 1906 千米，占辽宁省海岸线总长度的 73%。

2. 资源状况

大连是闻名世界的北方不冻港，又有"苹果之乡"的美称。此外大连还是我国北方主要渔业生产基地。大连是我国著名的避暑胜地和旅游热点城市，不仅有"半个中国近代史天然博物馆"的人文历史旅游资源，还有许多风景奇秀的自然旅游资源。南部沿海风景区、旅顺口风景区、金石滩风景区和冰峪沟风景区是大连四大名胜风景区。市内旅游资源有国内领先水平的森林动物园、星海广场、虎滩乐园、滨海路、棒棰岛等。

大连从军事意义上来说是我国北方一个重要的军港。从经济上来说，是我国最靠近韩国、日本的大型港口，对内可以通到天津和东北，是一个世界性的交通枢纽城市。所以，大连的经济支柱主要是贸易和运输，以及对外进出口的加工工业。

（六）沈阳

沈阳故宫位于沈阳老城中心，是清太祖努尔哈赤、清太宗皇太极营建和使用的宫殿。始建于后金天命十年（1625 年），建成于清崇德元年（1636 年），占地 6 万多平方米，有各式建筑九十多座、三百多间，具有鲜明的满族特色。在全国现存的宫殿建筑群中，其历史价值和艺术价值仅次于北京故宫。

二、东北平原湿地分布概况及两个重要湿地

（一）湿地的现状分析

1. 湿地分布

大、小兴安岭和长白山地是我国森林沼泽的集中分布区，而东北平原的湿地，则大面积集中分布于三江平原和松嫩平原。三江平原由于长期的地质沉降，地势低洼，排水不畅，沼泽广泛分布于河滩、阶地上各种洼地和沼泽性河流的表面，以各类苔草沼泽为主。目前该区大部分已开垦为旱田和水稻田。松嫩平原的湿地集中分布在嫩江与第二松花江汇合处。该区地质构造处于华夏式沉降带中心，地势地平，湖泊洼地众多，有的河流（如霍林河）下游进入平原后形成无尾河，河水漫流形成大面积的沼泽湿地。植被以芦苇群落为主。其中有两个国际重要的湿地保护区，即扎龙湿地和向海湿地。

2. 两个湿地保护区的共同特点

（1）地貌都为湖河相容冲积地貌，河道都不明显。

（2）湿地中分布有众多泡沼，土地盐渍比较普遍。

（3）分布有大面积的芦苇沼泽，并栖息了许多水禽，包括珍稀濒危动物，如丹顶鹤。

（4）水生植被丰富，鱼类种类繁多。

（5）低洼地的草甸和草甸草原，分布有大量的草本植物，如丰美的羊草，是当地居民放牧的地区。其中向海保护区所特有的是沙丘榆林景观。

（二）保护区所面临的突出问题

1. 扎龙

（1）水资源问题。最近十年这里经历了两次干旱周期，湿地的水位已下降了 1 米，由于中上游水库太多，靠乌裕尔河补给不行，有点类似于黄河断流，所以可以补给嫩江水，但是水现在也作为一种商品，经济上也是一个不小的问题。

（2）社会经济发展的影响。南边的大庆、东北边的齐齐哈尔，许多大型工程将扎龙分割成井字型，扎龙的完整性遭到破坏，进一步加剧了湿地退化的恶劣

形势。

（3）水资源的缺乏，加之人为的破坏，芦苇退化严重，许多苇塘变成了旱塘，部分沼泽干枯，地面龟裂，鱼类也随之减少，生态环境恶化，丹顶鹤及其他水禽也不得不迁徙。生物多样性减少。

2.向海

（1）气候甚为干燥，对湿度保持不利。年降水量只有404毫米，而年蒸发量却达1890毫米。

（2）土壤为风沙土，土地疏松，风沙的流动使土地沙漠化严重。

（3）人为活动破坏：不合理垦荒耕作和过度放牧，使草场退化严重，发生盐碱化。

（三）解决方案

1.扎龙

①禁止狩猎；建立鹤类繁殖饲养站；规定5~6月为禁渔期；留出一部分芦苇沼泽不收割芦苇。

②做好防火防灾工作。

③充分利用各种资源，推广"稻—苇—鱼"的复合农业生态模式。

④为了解决水资源问题，黑龙江已开始实施应急调水工程，利用湿地上游的江东灌区和翁海排水干沟调水直接进入湿地核心区。

2.向海

①保护湿地的同时开发。保护以丹顶鹤为主的水禽湿地景观和以蒙古黄榆为主的天然次生林沙丘景观；适度发展农牧业和加工业，按路线开发旅游。

②区内外生态环境建设相结合，建设"林—草—田"复合生态系统。

③走可持续发展的道路，对芦苇不宜大量收割，考虑经济用途时要保证一定面积芦苇的正常生长。

④实施引水工程，引霍林河水入向海水库，可缓解枯洪两期水量失衡。

总的说来，两个湿地保护区所共有的首要任务便是解决水资源的短缺问题，并减少人为的破坏，从而保护湿地植被、野生动物等。

参考文献

[1] 武吉华，吴永，涂美珍，等. 自然地理基础 [M]. 北京：北京师范大学出版社. 1988.

[2] 郑度. 自然地理综合研究 [M]. 北京：气象出版，1993.

[3] 余明. 简明天文学教程 [M]. 北京：科学出版，2012.

[4] 周鼎武. 区域地质综合研究的方法与实践 [M]. 北京：科学出版社，2002.

[5] 马丽芳，丁孝忠，范本贤. 中国地质图 [M]. 北京：地质出版社，1998.

[6] 乐昌硕. 岩石学 [M]. 北京：地质出版社，1984.

[7] 曾允孚. 沉积岩石学 [M]. 北京：地质出版社，1986.

[8] 张梁，张业成，罗元华，等. 地质灾害灾情评估理论与实践 [M]. 北京：地质出版社. 1998.

[9] 罗元华，张梁，张业成. 地质灾害风险评估方法 [M]. 北京：地质出版社，1998.

[10] 严钦尚，曾昭璇. 地貌学 [M]. 北京：高等教育出版社，1985.

[11] 马友良. 地貌学及第四纪地质学 [M]. 北京：地质出版社，2000.

[12] 周泽松. 水文与地貌 [M]. 上海：华东师范大学出版社，1992.

[12] 沈照理，朱宛华，钟佐燊. 水文地球化学基础 [M]. 北京：地质出版社，1993.

[14] 邓缓林，杨秉赓，张朴民，等. 普通水文学 [M]. 北京：高等教育出版社，1985.

[15] 薛禹群. 地下水动力学 [M]. 北京：地质出版社，1997.

[16] 房佩贤. 专门水文地质学 [M]. 北京：地质出版社，1996.

[17] 潘守文. 现代气候学原理 [M]. 北京：气象出版社，1994.

[18] 傅抱璞，翁笃鸣，虞静明，等. 小气候学 [M]. 北京：气象出版社，1994.

[19] 武吉华，张绅. 植物地理学 [M]. 北京：高等教育出版社，1979.

[20] 赵可夫，李法曾，张福锁. 中国盐生植物 [M]. 北京：科学出版社，2013.

[21] 冯宗炜，王效科，吴刚. 中国森林生态系统的生物量和生产力 [M]. 北京：科学出版社，1999.

[22] 张荣祖. 中国动物地理 [M]. 北京：科学出版社，2011.

[23] 方宗义，朱福康，江吉喜，等. 中国沙尘暴研究 [M]. 北京：气象出版社. 1997.

[24] 杨景春. 中国地貌特征与演化 [M]. 北京：海洋出版社，1993.

[25] 徐志辉. 云南大自然博物馆 [M]. 昆明：云南大学出版社，1999.

[26] 魏文秋，张利平. 水文信息技术 [M]. 武汉：武汉大学出版社，2002.

[27] 张留柱，赵志贡，张法中，等. 水文测验学 [M]. 郑州：黄河水利出版社，2003.

[28] 黄盘铭. 土壤化学 [M]. 北京：科学出版社，1991.

[29] 李学垣. 土壤化学及实验指导 [M]. 北京：中国农业出版社，1997.

[30] 尹泽生，徐叔鹰. 祁连山区域地貌与制图研究 [M]. 北京：科学出版社，1992.